作者·绘者

伊拉利亚·巴尔索蒂　意大利著名童书作家，意大利著名童书品牌蚂蚁图书的艺术总监。她创作了30多本童书，其作品已在30多个国家和地区出版发行，深受各国小朋友的喜爱。

译者

王晋华　中北大学人文社会科学学院教授、硕士生导师。曾在美国锡拉丘兹大学做访问学者一年。主要从事英美文学研究与翻译，主要译著有《寂静的春天》《自卑与超越》《人生的智慧》《傲慢与偏见》《了不起的盖茨比》《月亮和六便士》《面纱》《刀锋》《永别了，武器》《老人与海》等。

张丽燕　2010年毕业于中北大学外语系，获硕士学位。2016年毕业于苏州大学传媒学院，获博士学位。现任中北大学人文社会科学学院副教授，著有《场域与公共意见》，译著《希利尔讲世界地理》。

我的第一本 大百科全书

MY FRIST COMPLETE ENCYCLOPEDIA

[意]伊拉利亚·巴尔索蒂 著/绘　　王晋华　张丽燕 译

人民东方出版传媒
People's Oriental Publishing & Media
东方出版社
The Oriental Press

图书在版编目（CIP）数据

我的第一本大百科全书 /（意）伊拉利亚·巴尔索蒂
著；王晋华，张丽燕译 . -- 北京：东方出版社 ,2022.2
ISBN 978-7-5207-2542-2

Ⅰ . ①我… Ⅱ . ①伊… ②王… ③张… Ⅲ . ①科学知
识—少儿读物 Ⅳ . ① Z228.1

中国版本图书馆 CIP 数据核字（2021）第 258167 号

Original title：My frist complete encyclopedia

Text and Illustrations © Ilaria Barsotti

The simplified Chinese translation rights arranged through Beijing Tongzhou Culture Co.,Ltd.

（本书中文简体版权经由北京同舟人和文化发展有限公司取得）

中文简体字版专有权属东方出版社
著作权合同登记号　图字：01-2021-4756 号

我的第一本大百科全书
WO DE DIYIBEN DABAIKE QUANSHU

[意]伊拉利亚·巴尔索蒂　著 / 绘

王晋华　张丽燕　译

责任编辑：张晓雪
出　　版：东方出版社
发　　行：人民东方出版传媒有限公司
地　　址：北京市西城区北三环中路 6 号
邮　　编：100120
印　　刷：三河市九洲财鑫印刷有限公司
版　　次：2022 年 2 月第 1 版
印　　次：2022 年 2 月北京第 1 次印刷
开　　本：950 毫米 ×1160 毫米　1/16
印　　张：6.25
字　　数：100 千字
书　　号：ISBN 978-7-5207-2542-2
定　　价：120.00 元
发行电话：（010）85924738

目录

 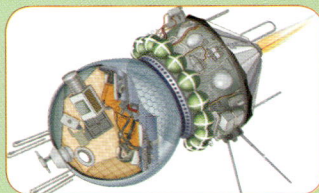 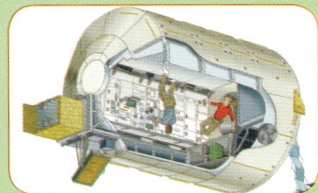

   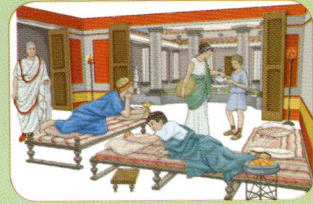

太阳系

太阳系是由太阳、8颗行星、5颗矮行星、约170颗卫星和大量的彗星以及小行星组成的天体系统。太阳系位于银河系猎户座旋臂上，距离银河系中心大约3万光年，距离最近的恒星比邻星大约4.2光年。

蓝色的海王星

除了地球，海王星是太阳系中最蓝的行星。这是因为海王星大气中含有甲烷气体，这种气体吸收了太阳的红色光，剩下了蓝色光。海王星表面的大黑斑是由时速高达2000千米的风暴形成的。

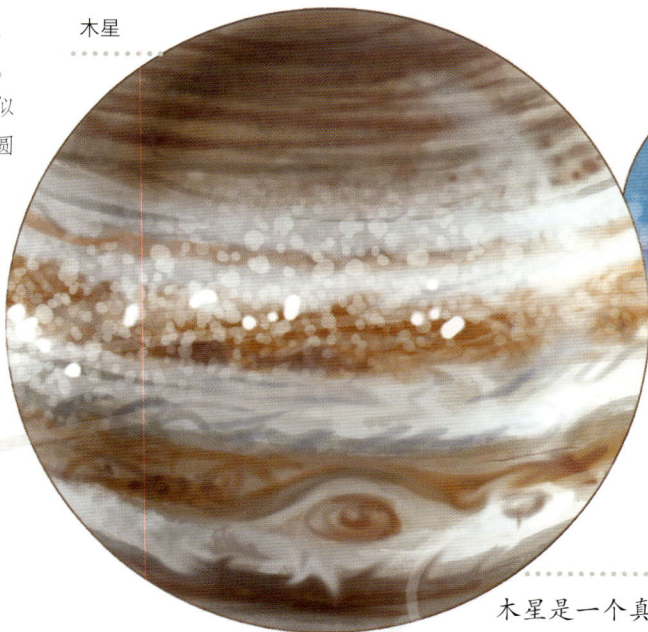

木星

海王星

冥王星

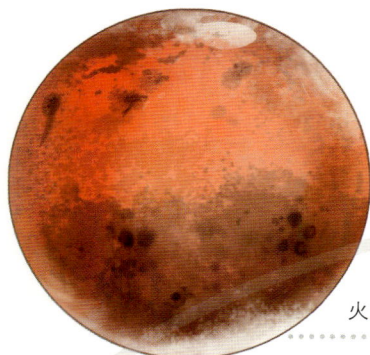

冥王星发现于1930年，2006年被重新归类为矮行星。它不像八大行星那样按照近似圆形轨道运行，而是按照椭圆形轨道运行。

火星

火星和地球非常相似，因表面被氧化铁覆盖，形成一种独特的颜色，被称为"红色行星"。

巨大的木星

木星是一个真正的庞然大物，比太阳系其他行星都要大。木星的内核分内外两层，最里面一层是固态的，主要由金属氢构成，外面是液态氢和氦。如果木星再扩大50倍，就会变成一颗恒星。

地球

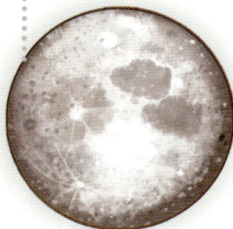

月球

月 球

月球是地球唯一的卫星，其大小约为地球的1/4。千千万万的陨石降落在月球上。由于没有火山、地震和大气层改变其外貌，这些陨石在月球表面留下了不可磨灭的印记。

地 球

地球是一颗独特的行星。由于大量液态水附着在其表面，从太空看，它像一个蓝色的球体。地球拥有厚厚的大气层，使地球表面免遭辐射和陨石的伤害，大气中的氧气和地球表面的水为生命提供了必要条件。

土星环

土星环主要由尘埃、岩石、冰块构成，形成的原因到今天还没有确切答案。科学家推测，土星环可能是天体相撞或被引力摧毁的卫星产生的碎片。

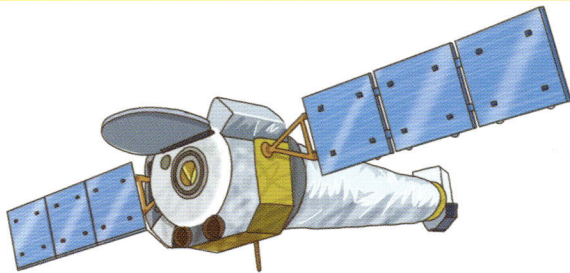

天王星是横躺着绕太阳公转

气态行星

木星、土星、天王星和海王星是离太阳最远的4颗行星，属于气态巨行星。它们主要由氦、氢等轻元素和少量的冰组成，有巨大的质量。气态行星有多颗卫星和强大的自转速度。

土星

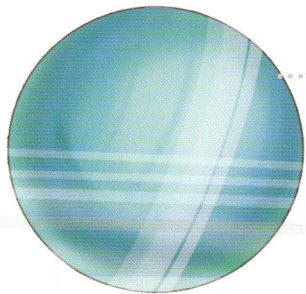

天王星

土星有许多卫星，这些卫星影响着土星环的形状。

水星因为距离太阳最近，总是被太阳耀眼的光芒笼罩，所以看起来不是很显眼。

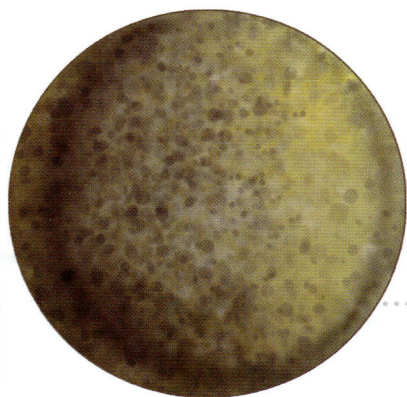

水星

太 阳

太阳是一个巨大的炽热气体球，温度非常高，内核温度高达1500万摄氏度，足以引起产生能量的核反应。其能量以光和热的形式传递到太阳表面，并辐射到整个太阳系，而太阳的巨大引力使行星保持在其轨道上。

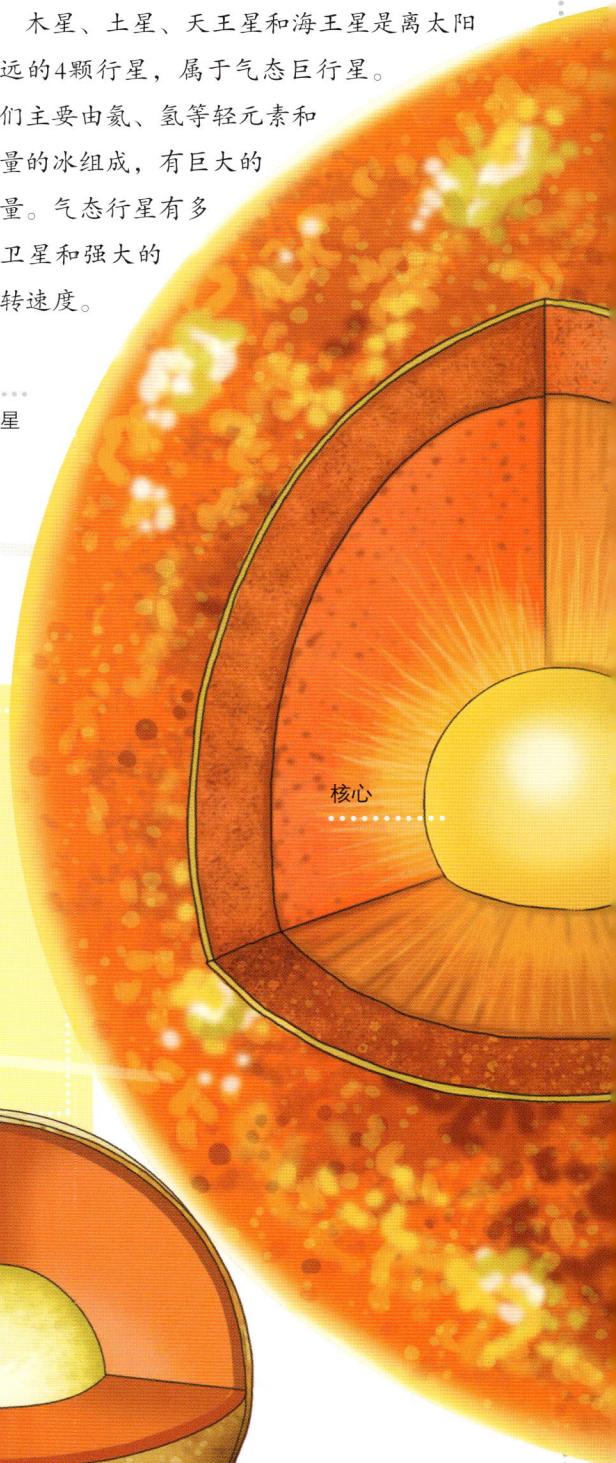

核心

岩石行星

水星、金星、地球和火星是离太阳最近的4颗行星，它们主要由岩石构成，内核以铁为主。岩石行星自转速度较慢，卫星数量少，密度是水的4—5.5倍。

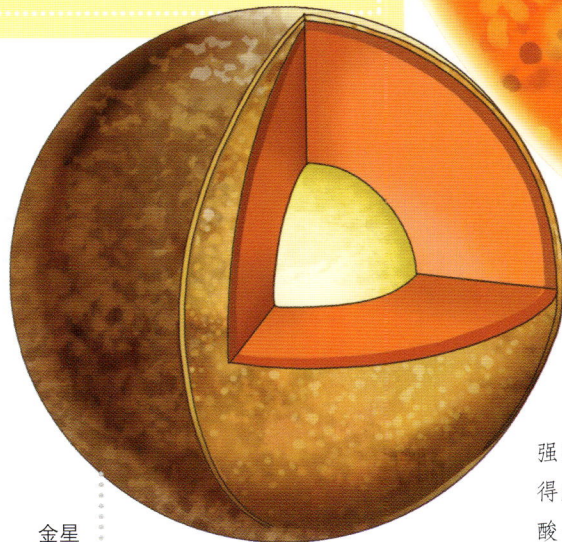

金星

金星的质量与地球相近。强烈的火山活动使这颗行星变得红热，尽管有一层厚厚的硫酸云团阻挡了大部分太阳光线，但其表面温度是太阳系行星中最高的。

航天火箭

1926年，美国工程师罗伯特·戈达德发射了世界上第一枚液体燃料火箭。在接下来的几年里，人类对小型火箭不断进行测试，但真正实现突破的是德国火箭专家冯·布劳恩于1942年成功发射的V-2火箭，它是人类历史上第一枚弹道导弹。

"东方1号"呈球形，只有一位宇航员。

"人造地球卫星1号"

1957年，太空探索时代开始了，这一年苏联发射了第一颗人造卫星——"斯普特尼克1号"，即"人造地球卫星1号"，将它送入了环绕地球的轨道。这颗卫星在轨工作了92天，绕地球飞行约1400圈，于1958年1月4日再入大气层烧毁。

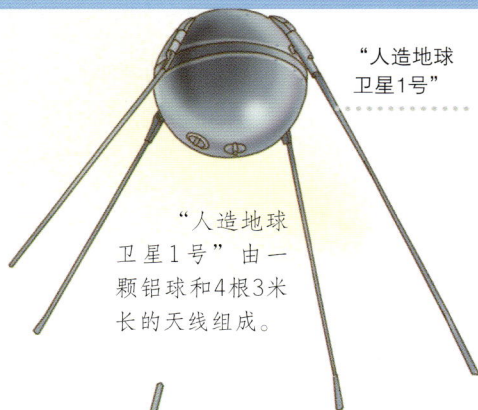

"人造地球卫星1号"

"人造地球卫星1号"由一颗铝球和4根3米长的天线组成。

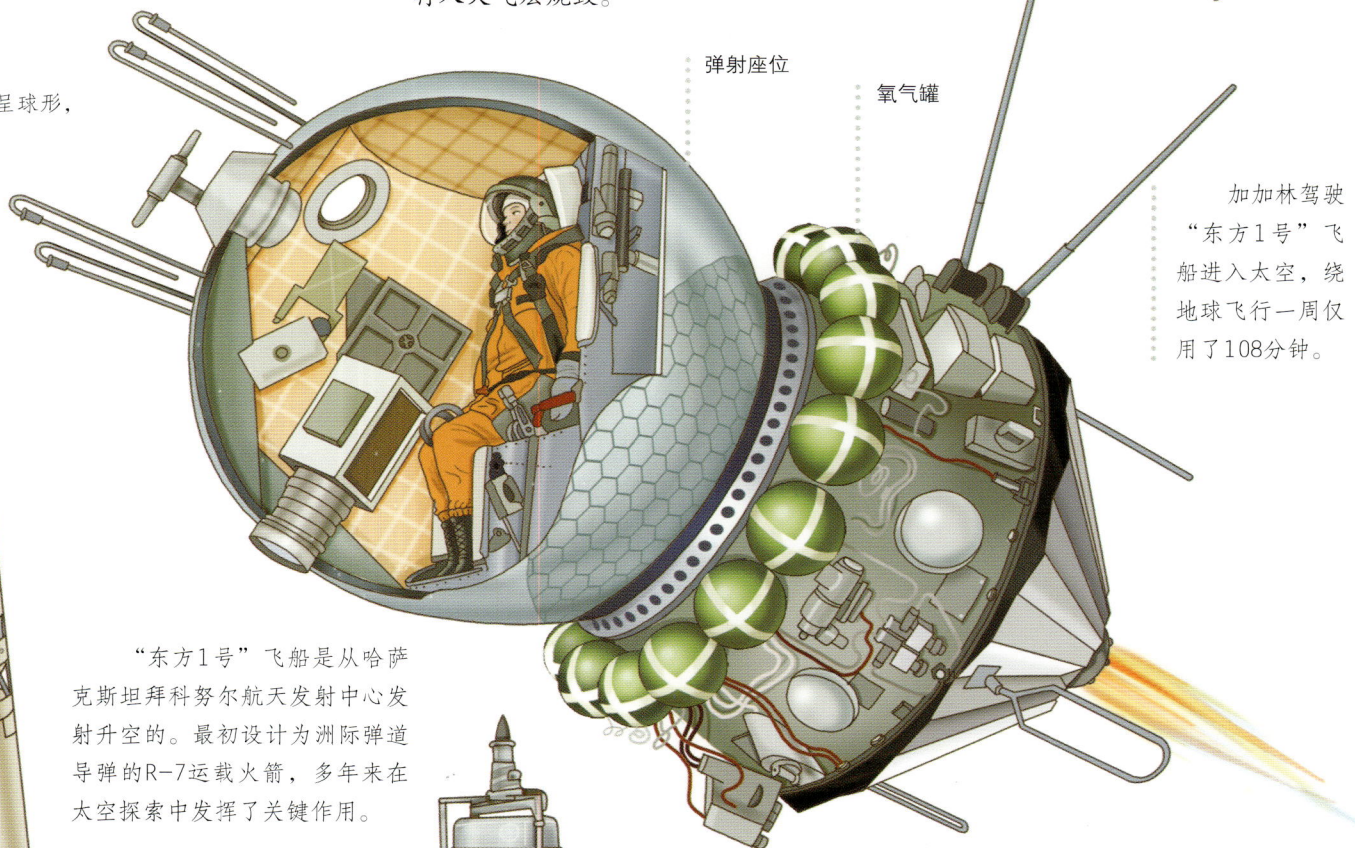

弹射座位

氧气罐

加加林驾驶"东方1号"飞船进入太空，绕地球飞行一周仅用了108分钟。

"东方1号"飞船是从哈萨克斯坦拜科努尔航天发射中心发射升空的。最初设计为洲际弹道导弹的R-7运载火箭，多年来在太空探索中发挥了关键作用。

R-7 火箭

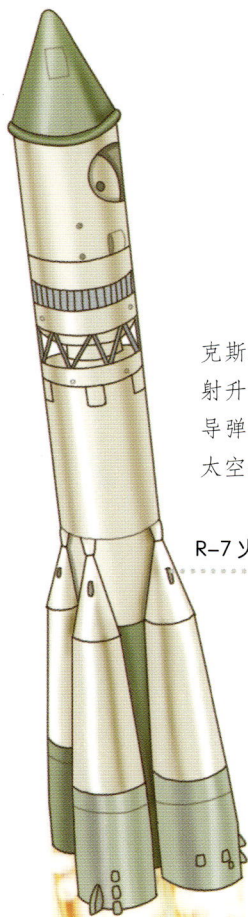

1957年，一只名叫莱卡的狗首次乘坐"人造地球卫星2号"进入太空。

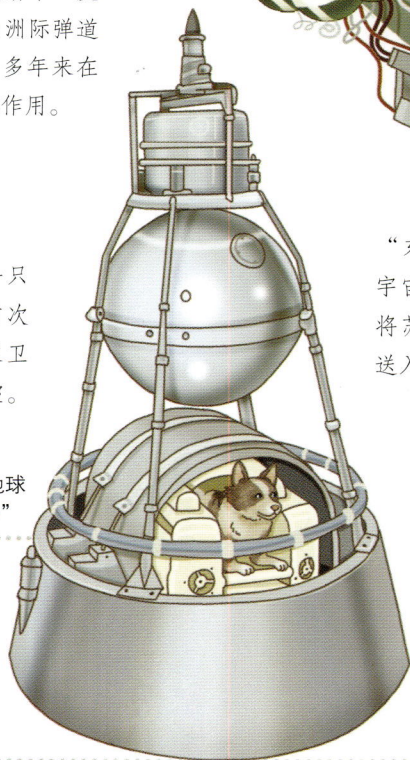

"人造地球卫星2号"

1961年，"东方1号"宇宙飞船首次将苏联宇航员送入太空。

太空第一人

第一个进入太空的人类是苏联宇航员尤里·加加林。

1961年4月12日，加加林乘坐"东方1号"宇宙飞船升空。几分钟后，火箭将飞船送入地球轨道。绕地球一周后，"东方1号"安全返回地面，任务圆满完成。

航天飞机

航天飞机最早是由美国航空航天局研发的一种能够往返于地球和太空的可重复使用的运载工具。它既能像运载火箭那样垂直起飞，又能像飞机那样在返回大气层后在机场着陆。从1981年至2011年，共有五架航天飞机先后进行了135次飞行，其中两次以失败告终。它们除了担任卫星发射、回收和维修任务外，还将哈勃望远镜和国际空间站的许多部件送入太空。

构成航天飞机的三个部件中，外挂燃料箱在每次任务结束后会被抛弃。

"阿丽亚娜5号"运载火箭

航天飞机

"土星5号"运载火箭

现代火箭大多由多级构成，装有按顺序点火的发动机。

"阿特拉斯号"运载火箭

火 箭

为了到达太空，宇航员、卫星和探测器必须由火箭送入轨道。像所有其他物体一样，火箭也被地球引力"固定"在地面上。为了升空，火箭必须有强大的发动机，以4万千米/小时的速度发射。这种强大的推力是由从火箭尾部喷嘴喷出的高压气体提供的。

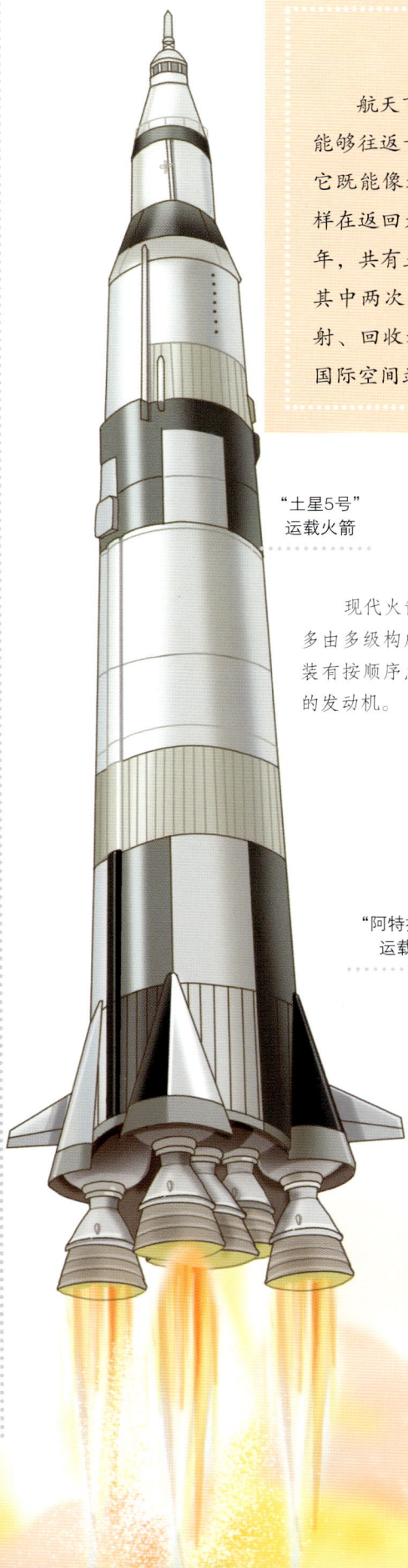

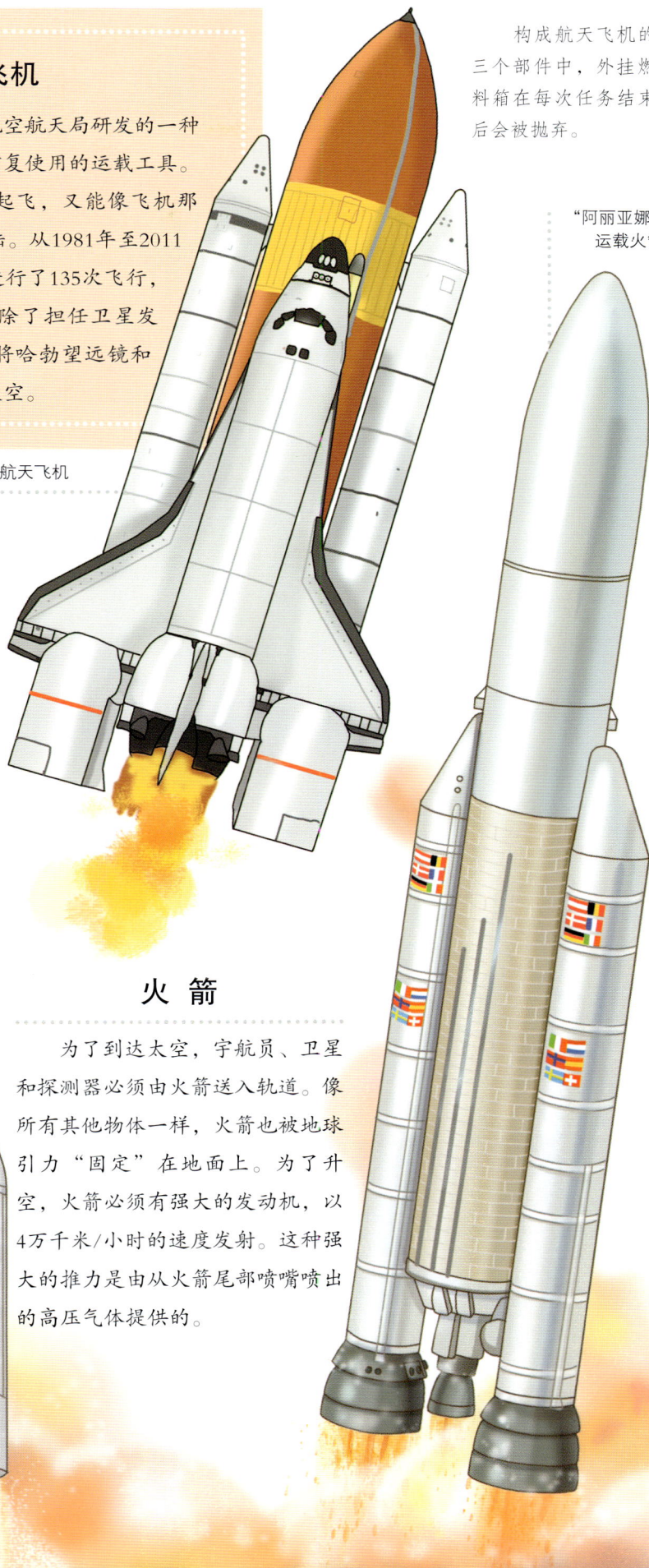

登月

月球是离地球最近的天体，因此它被选为人类首个登陆的地外天体。1969年7月16日，"阿波罗11号"从美国卡纳维拉尔角起飞，开启了人类首次登月的征程。发射后不久，运载火箭开始将"阿波罗11号"送往月球。5天后，这一历史性的壮举完成了。

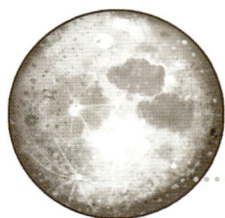

月球

阿波罗计划在6个不同的地点着陆。前3次选择的是月球赤道带，而"阿波罗16号"降落在笛卡尔高地。

1969年7月21日，尼尔·阿姆斯特朗走出登月舱，踏上月球表面，首次实现了人类登上月球的梦想。阿姆斯特朗说出了这句名言："这是我个人的一小步，却是人类的一大步。"随后，巴兹·奥尔德林走出登月舱，他们一起在月球表面停留了两个多小时，然后返回登月舱。

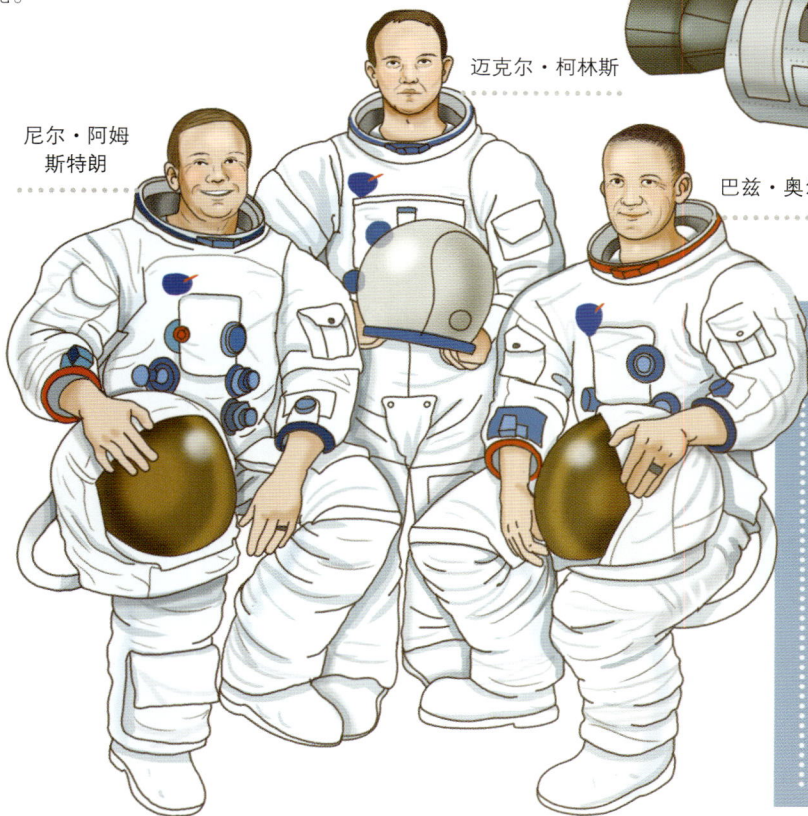

巨大的"土星5号"运载火箭的使命是将"阿波罗11号"送入预定轨道。它有111米高，满载时重达2900吨，分为三级，推力可达3500吨左右。

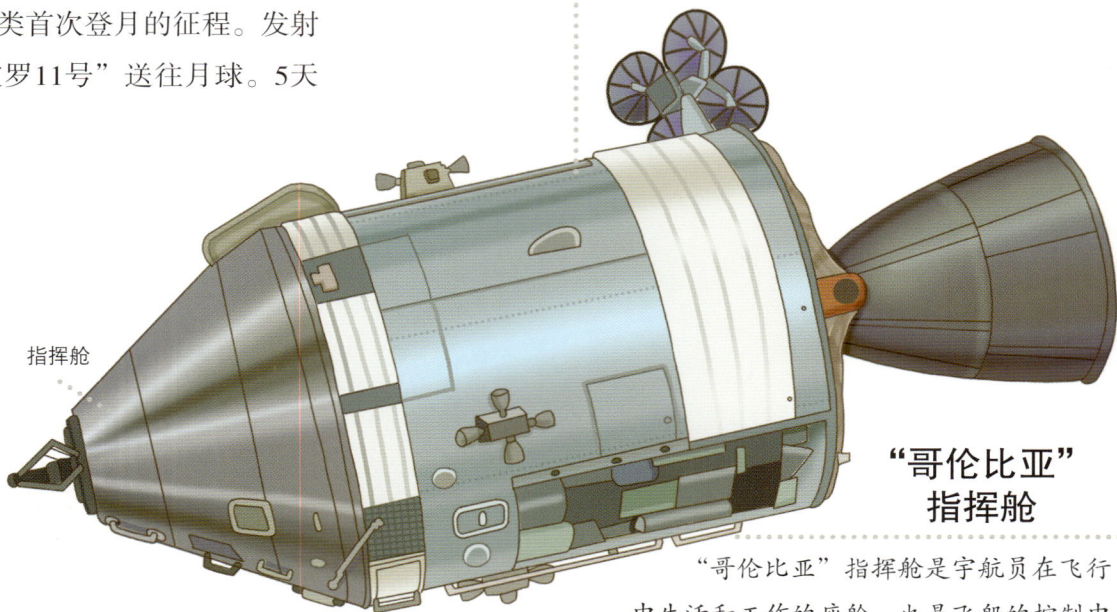

指挥舱

"哥伦比亚"指挥舱

"哥伦比亚"指挥舱是宇航员在飞行中生活和工作的座舱，也是飞船的控制中心。它直接连接到服务舱，飞船的发电机、氧气储备和燃料就在这里。

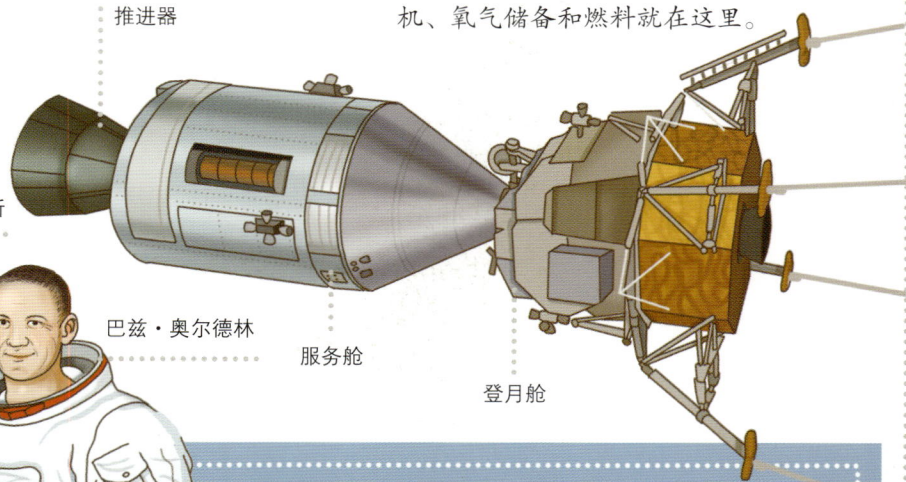

推进器

巴兹·奥尔德林

服务舱

登月舱

尼尔·阿姆斯特朗

迈克尔·柯林斯

"阿波罗11号"宇航员

"阿波罗11号"任务的机组人员由三位宇航员组成：指令长是尼尔·阿姆斯特朗，第一个注定踏上月球的人；巴兹·奥尔德林的任务是陪同阿姆斯特朗完成这个任务；指挥舱驾驶员迈克尔·柯林斯必须驾驶指挥舱将两个同伴从月球轨道上带回地球。回到地球后，三人被授予总统自由勋章。

航天服外头盔前部是金色的面窗,用来反射光和热。里面一层头盔是加压头盔,有呼吸所需要的氧气。

执行"阿波罗15号、16号、17号"任务的宇航员有一辆可以在月球表面移动的电动汽车。这样,他们设法从着陆点移动10多千米,以寻找样本。

航天服外套由特别耐磨的合成纤维制成,里面必须穿着特殊的"内衣"。内衣缝入长达100米像意大利空心面条粗的盘成网状的管子,管内流过冷水,吸走航天员身上散发的热量,并排到宇宙空间。

所采集的大多数岩石样本都是由火山形成的,估计它们的形成年代可以追溯到35亿年前。

宇航员们使用特殊工具收集样品。操作相当复杂,因为手套的压力很大,手指很难活动。

"阿波罗号"宇航员穿着适合在月球上活动的舱外宇航服,用来监测身体状况的传感器固定在与皮肤接触的地方。

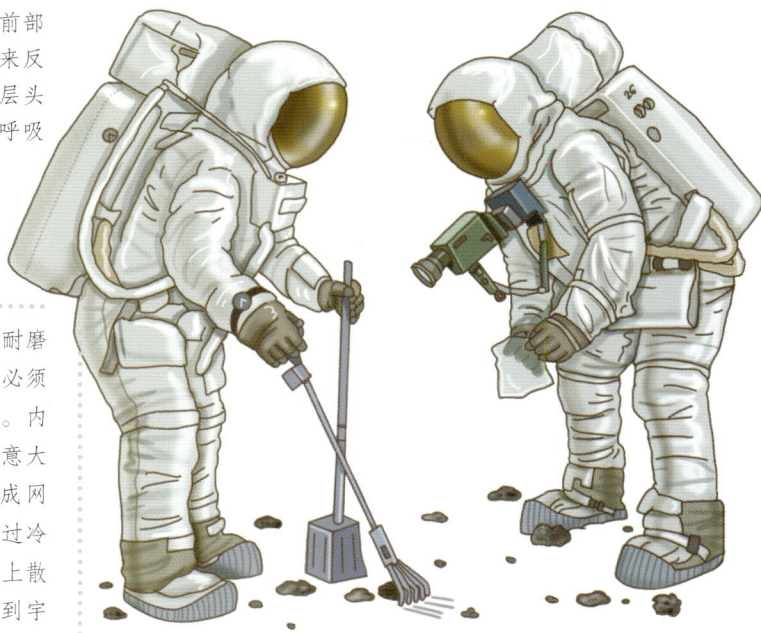

6次成功登月

从1969年至1972年,美国6次成功登月。登月的主要目的是研究月球的起源和演化过程。一共有12名宇航员登上月球,停留了80多个小时。他们收集了岩石样本,拍摄了大量照片,以便返回地球后进行研究。

登月舱

登月舱

"阿波罗11号"登月舱的名字叫"鹰",分为上升级和下降级,上升级由宇航员座舱、起飞发动机、推进剂贮箱、反应控制系统以及雷达、通信天线组成,下降级由着陆发动机、4条着陆腿、登月设备、燃料贮箱、雷达、天线等组成。宇航员完成任务,乘上升级离开月球;下降级被抛弃在月球上,因为它已经没有用了。

着陆后,宇航员们通过梯子下到月球表面。

空间站

国际空间站于1998年正式建站，由美国、俄罗斯、加拿大、日本、巴西和11个欧洲航天局成员国（法国、德国、意大利、英国、比利时、丹麦、荷兰、挪威、西班牙、瑞典、瑞士）合作建造。国际空间站宽（桁架）109米，长（加压模块）88米，运行高度385千米（地球表面以上）。2010年全面投入使用。

餐盘

休息

宇航员的日常生活

每个工作日宇航员进行10小时的活动。午餐时间为下午1点，持续大约一个小时。每位宇航员都有打包好的食物，可以在厨房里加热。晚上9点半，宇航员进入睡眠舱休息。

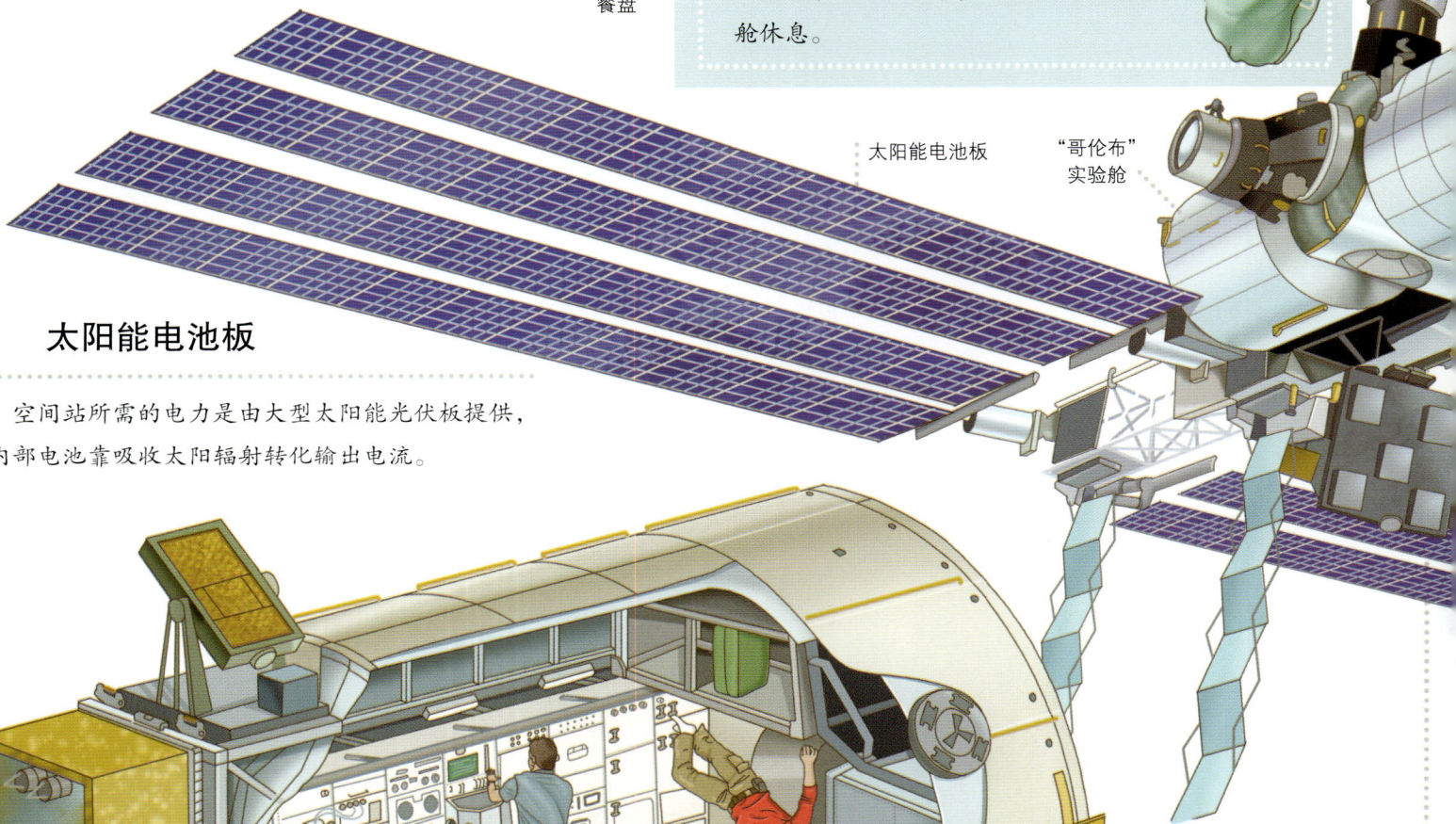

太阳能电池板

空间站所需的电力是由大型太阳能光伏板提供，其内部电池靠吸收太阳辐射转化输出电流。

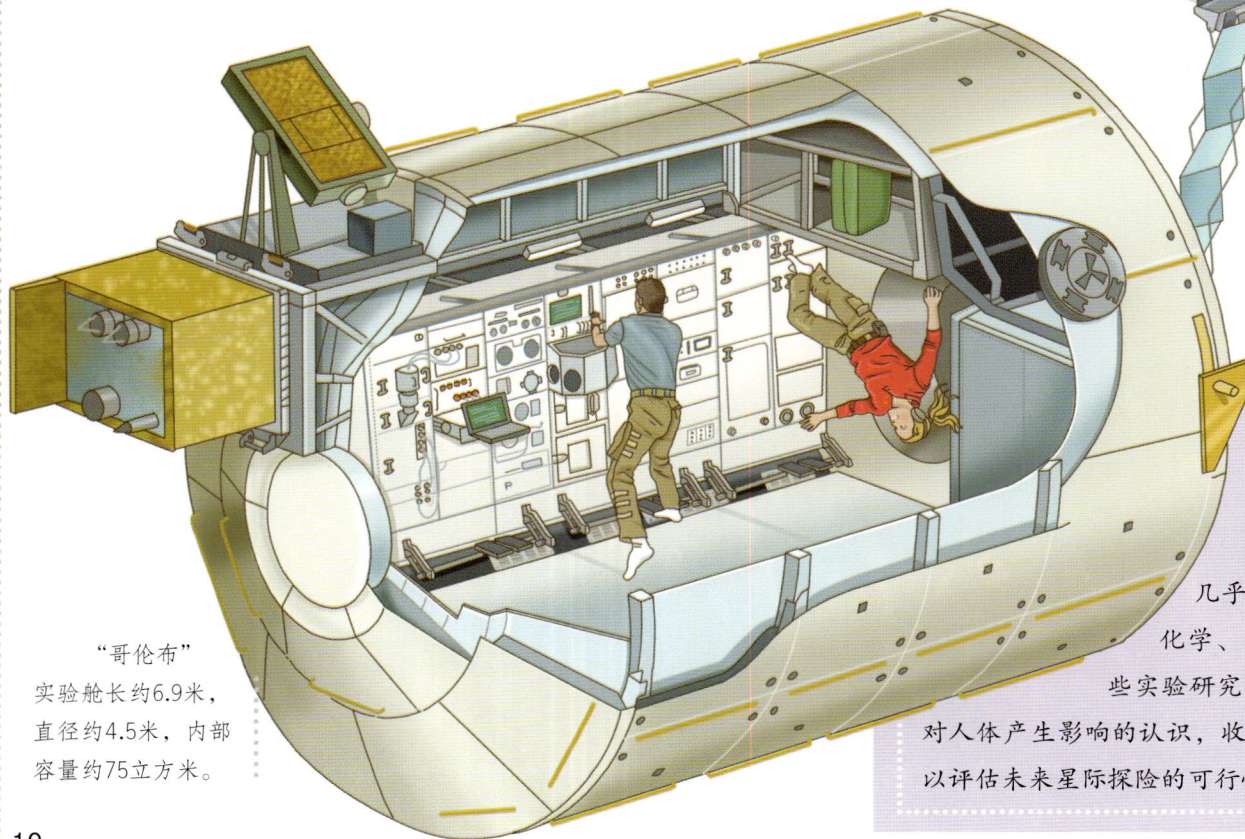

太阳能电池板

"哥伦布"实验舱

"哥伦布"实验舱长约6.9米，直径约4.5米，内部容量约75立方米。

实　验

在国际空间站，宇航员几乎在没有重力的环境下做化学、医学、生物学实验。这些实验研究增加了长期在太空停留对人体产生影响的认识，收集了非常重要的数据，以评估未来星际探险的可行性。

舱外活动

为了在太空中进行实验或对空间站进行维护，空间站通常安装空间机械臂，又称加拿大机械臂（最早的机械臂由加拿大一家公司研制）。加拿大机械臂长超过15米，采用铰接方式，可以在空间站内对其进行非常精确的操控。

加拿大
机械臂

一些舱外活动由机器人执行。

"毕格罗"
可充气太空舱

航天服

当宇航员进行太空行走时，必须穿上特殊的航天服，以保护自己免受极端温度和太空辐射的影响。航天服配备载人机动装置，它带有高压氮气和若干个喷氮气的推力器。推力器安装在"座椅"的不同位置和不同方向。载人机动装置的两个扶手配备允许在所有方向上移动的控制装置。

载人机动装置

宇航员通过推进喷管往外喷射氮气射流提供推力进行移动。

"炮塔"观测舱

为了更直观地检查在舱外进行的操作，国际空间站设有一个叫作"炮塔"的观测舱。从这里可以控制空间站外的机械臂，并对地球进行非常壮观的观测。所有窗户都用保护装置进行密封，以防止微型陨石或太空碎片撞击造成损坏。

11

地球

地球是一颗岩石行星，核心由重金属组成（主要是铁），内核是固态，外核是液态，包裹地核的是地幔，由部分熔化的岩石构成，地幔的上方是一层被称为地壳的岩石，主要由硅酸盐矿物组成。

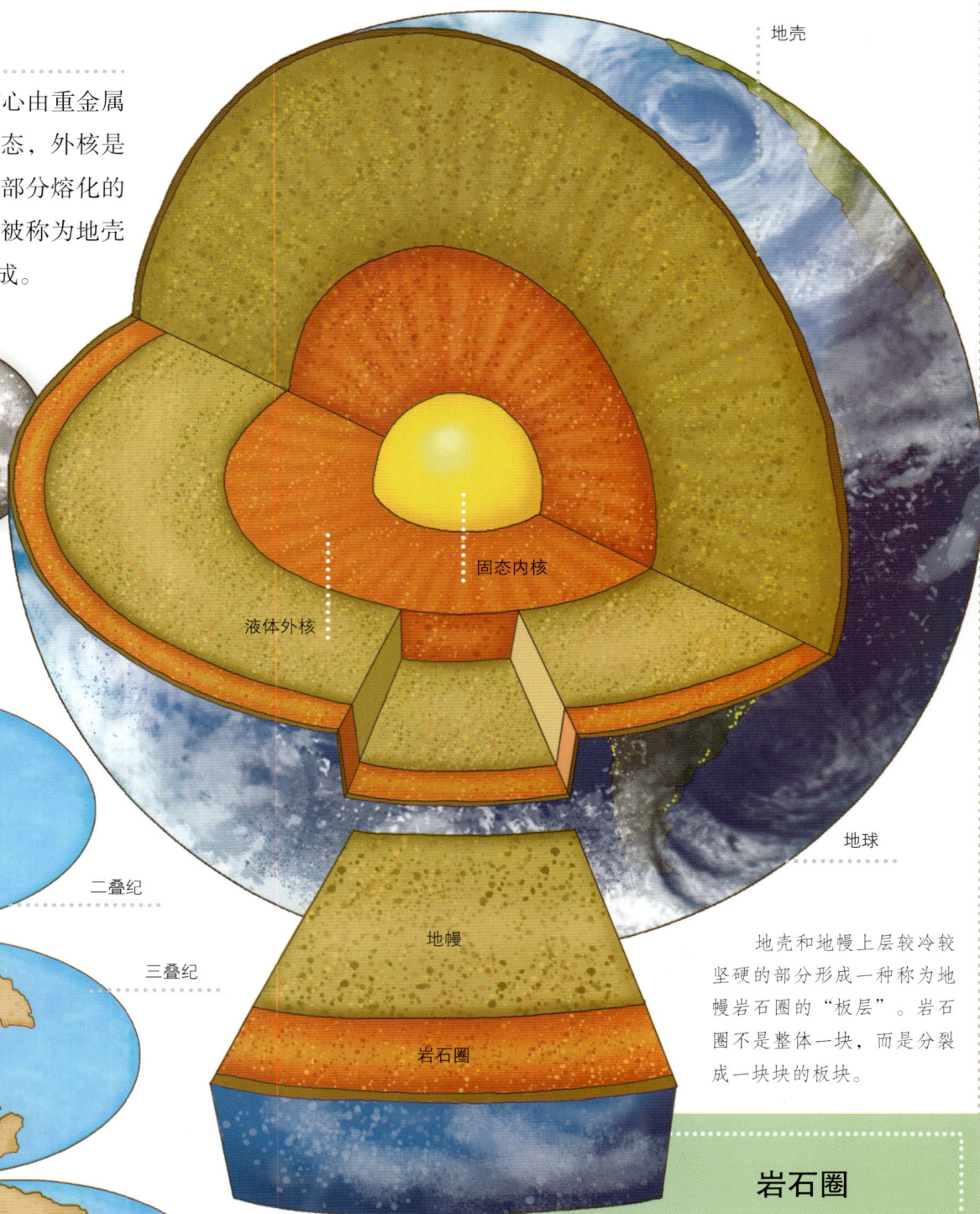

地壳

固态内核

液体外核

地球

地幔

岩石圈

月球

二叠纪时，板块运动使板块之间连接更加紧密，形成了一个大陆叫作盘古大陆。

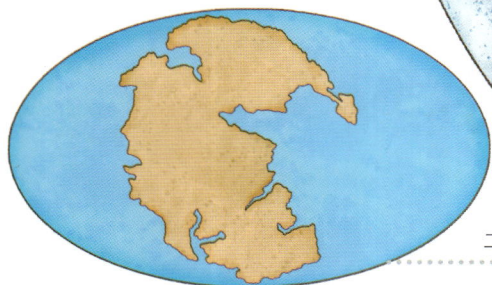

二叠纪

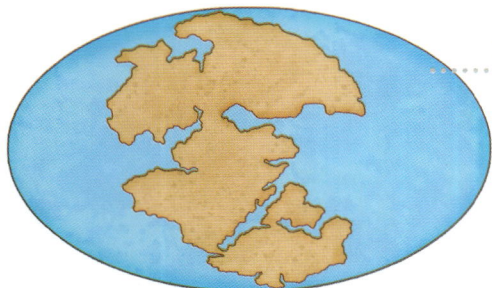

三叠纪

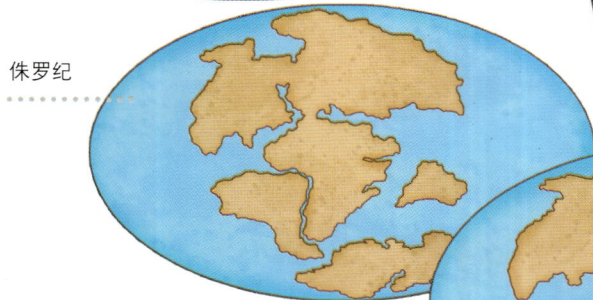

侏罗纪

白垩纪末期

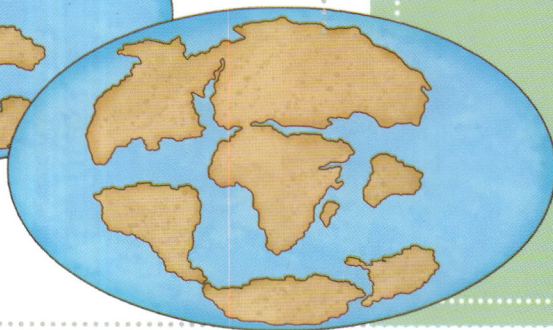

二叠纪之后，盘古大陆分裂，形成今天的各大洲。

地壳和地幔上层较冷较坚硬的部分形成一种称为地幔岩石圈的"板层"。岩石圈不是整体一块，而是分裂成一块块的板块。

岩石圈

根据板块构造理论，岩石圈是由十几个不断运动的大板块组成的巨大镶嵌体。

板块运动的原因是地幔对流，大洋中脊是地幔对流上升的地方，地幔物质不断从这里涌出，冷却固结成新的洋壳，之后涌出的热流又把先前形成的大洋壳向外推移，自中脊向两旁每年以3—15厘米的速度扩展。

板块

岩浆物质

外大气层

外大气层也叫磁力层，它是大气层的最外层，是大气层向星际空间过渡的区域，空气极其稀薄。

板块运动

板块每年都会运动。有些板块之间做背向运动，会形成裂缝，地幔上层的岩浆从中涌出，冷却凝固后形成新的洋壳。有些板块之间做相向运动，相撞后会使山脉隆起，或者导致地震、海啸、火山喷发。

热层

中间层

平流层

对流层

环绕着地球的大气层由大约1/4的氮气、不到1/4的氧气和微量的二氧化碳构成。

大气层

大气层的厚度达到1000千米以上，分为五层。最靠近地面的是对流层，是大气中最稠密的一层，所有天气现象都发生在这一层。对流层上面是平流层，这里基本没有水汽，晴朗无云，很少发生天气变化，适于飞机航行。保护人类免受紫外线辐射的臭氧层就在这一层。平流层上面是中间层，这里大气十分稀薄。再往上是热层，极光现象发生在这里。

地轴

季节更替

地球自转具有一定的倾角，这是季节产生的原因，如果地球自转轴与公转轨道垂直，就不会产生季节。在赤道地区，白昼几乎长短不变，太阳高高挂在天空，因此那里总是很热。当北极靠近太阳时，北半球为夏季，南半球为冬季。当北极远离太阳时，北半球为冬季，南半球为夏季。

在春分（3月19—22日）和秋分（9月22—24日），太阳直射点在赤道，南北半球昼夜等长。

地震和火山

地震和火山喷发是地球内部缓慢积累的能量突然释放而引起的自然现象。这种能量是地球上生命活动的基础，由地球内部向表面散发的热量产生。

地壳深处的岩浆受压上升，从地壳薄弱的地段冲出地表，就形成了火山。

地震仪

地震仪可以记录地震引起的地震波，从而得知地震的强度和方向。

地震仪

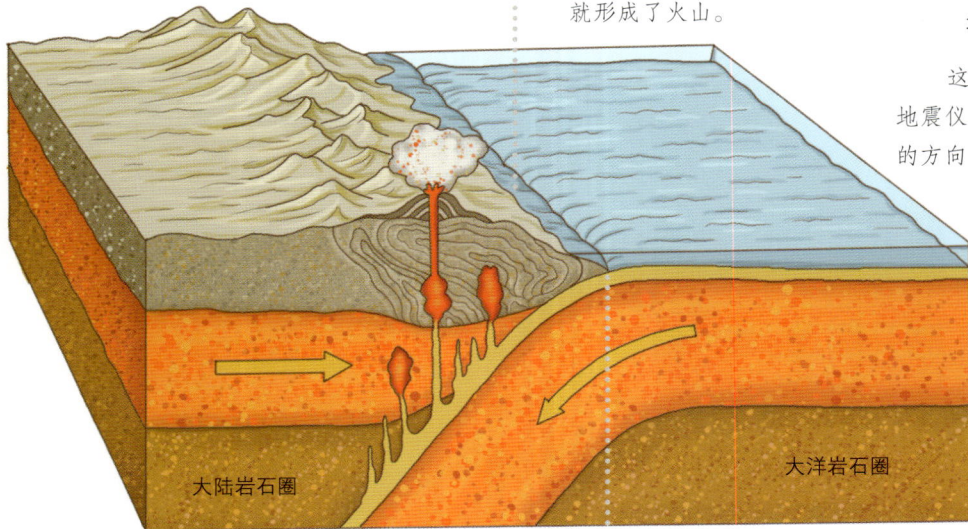

火山带

大陆岩石圈

大洋岩石圈

海沟

古代的地震仪

这个古老的中国地震仪可以测定地震的方向。

俯 冲

大洋板块与大陆块相撞时，由于大洋板块比大陆板块密度大、厚度小、位置低，会俯冲于大陆板块之下。这种"俯冲"现象导致了海沟的形成。

海 啸

海啸是一种灾难性的海浪，通常由海底地震引起。海啸来临时，形成高达数十米的巨浪，摧毁堤岸，淹没陆地，带来极大的灾难。

地 震

地震是地壳板块运动引起的地面震动。板块与板块之间相互挤压碰撞会产生巨大的力，造成板块边沿及板块内部产生错动和破裂，释放出积累的能量。引发地震的是位于地下一个称为震源的点，该点正上方的地面称为震中。释放的能量通过地震波传播，地震波会对建筑物造成破坏。

火山的形状取决于熔岩的性质和喷发的类型。流动性较强的熔岩会迅速离开火山口，形成锥状火山。

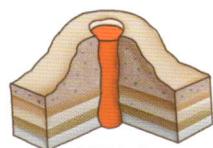
穹形火山

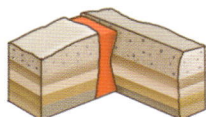
裂隙式火山

碗形火山

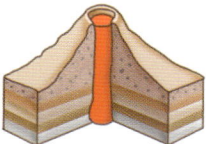
锥形火山

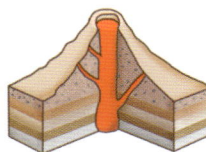
复合锥火山

盾形火山

火山砾

熔岩

火 山

火山大多分布在大陆板块的边缘，成因是板块运动使地壳深处的岩浆冲出地表。根据熔岩的酸性程度，可分为两种喷发方式：一种是爆炸式喷发，会将火山灰和火山砾抛向空中；一种是宁静式喷发，喷发物质流动较为平静。

不是所有的火山都分布在板块的边缘，一些著名的火山分布在"热点"上。在热点处，炽热的岩浆沿板块的薄弱点上升，并喷出地表，形成火山喷发。

火山通道

侧通道

岩浆库是地壳中储集岩浆的地方，通常位于地表以下几千米处。

15

蓝色星球

水约占地球体积的1/800，却占地球表面70%以上的面积，这使得地球成为一颗蔚蓝色的星球。

水循环

太阳辐射和地心引力的共同作用使水不断循环。

水从海洋中蒸发，然后回落到地球表面，通过河流及其他水道返回海洋的一系列过程被称为水循环。

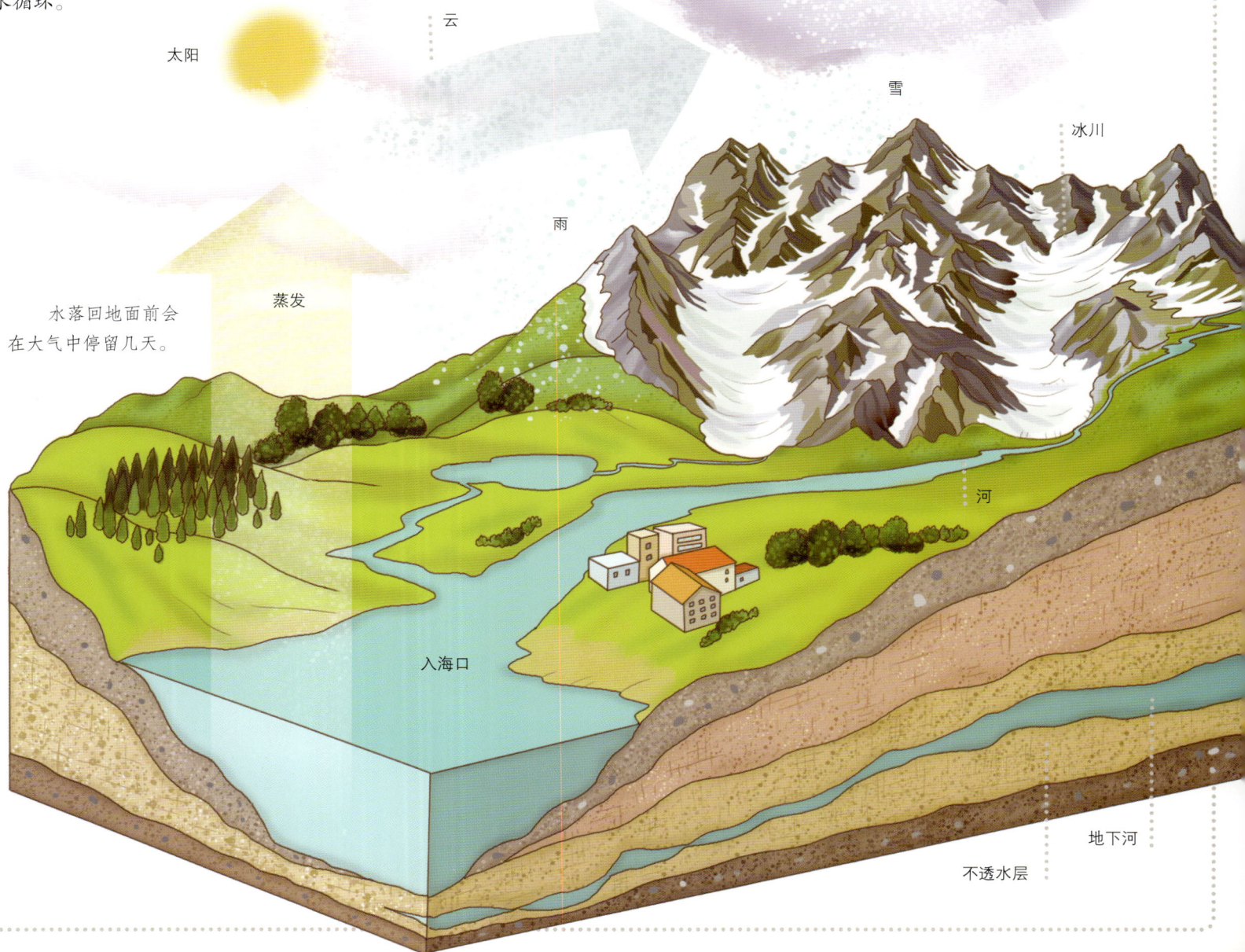

海 洋

海洋中的水约占地球总水量的96%。风能和太阳能为水循环提供了持续不断的动力。极地地区的海水温度低、密度大，赤道附近的海水温度高、密度小。这些差异引发的海水流动，被称为洋流。洋流对流经地区的气候会产生影响。

云

雪

冰川

太阳

雨

水落回地面前会在大气中停留几天。

蒸发

河

入海口

地下河

不透水层

水滴

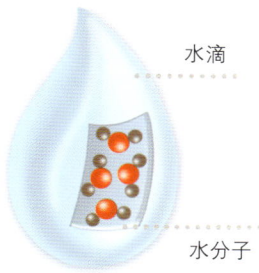

水分子

水分子

水蒸气云

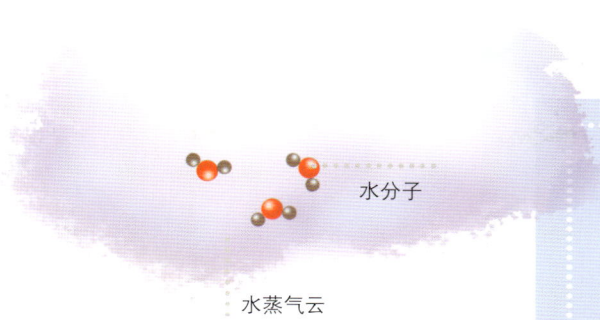

冰晶体

水分子

水的形态

水是包括人类在内所有生命生存的重要资源，也是生物体最重要的组成部分。在自然界中，水以液体的形式存在于海洋、湖泊和河流中，以固体的形式存在于极地冰盖和冰川中，以水蒸气的形式存在于大气中。水分子由两个氢原子和一个氧原子组成。在液态水中，它们具有一定的流动性；在冰中，它们聚集在一起，排列整齐，形成一种被称为"晶格"的结构。

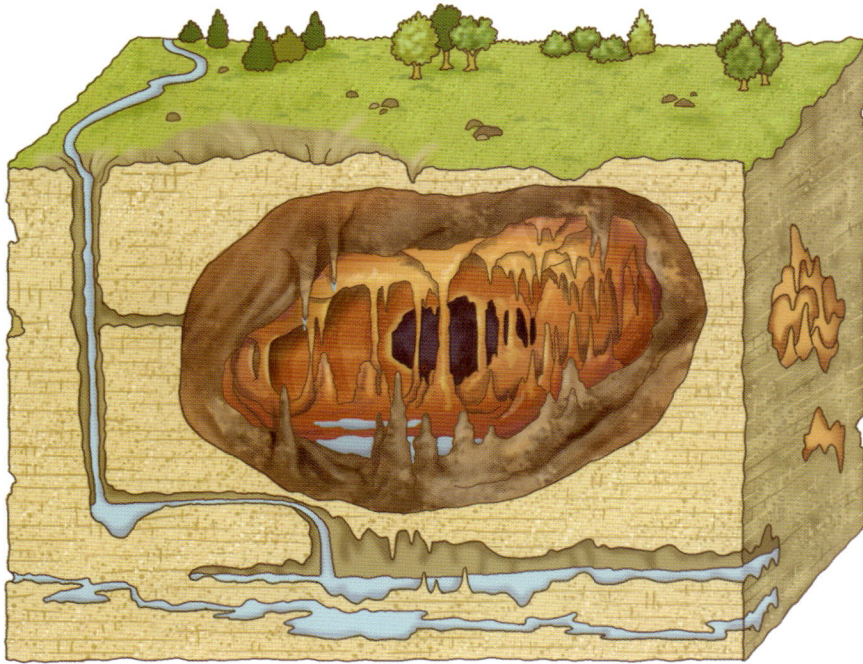

岩溶洞

当雨水渗入地下到达石灰岩层时，会缓慢溶解岩石。随着时间的推移，会形成洞穴和长长的隧道，将水带入几千米外的地表。

冰山

只有1/8的冰山露出水面。

冰　川

在高山或两极地区，积雪由于自身压力变成冰（或积雪融化，下渗冻结成冰），又因重力作用而沿着地面倾斜方向移动，这种移动的大冰块叫作冰川。

冰山在下降过程中，携带着岩屑和碎屑沿其表面沉积，形成叫冰碛的堆积物。

地球资源

地壳为人类提供了基本的生存资源。除了主要的生活必需品：空气、水、食物，人类学会了利用矿物资源和能源资源改善生活质量。提及资源，请记住并非所有的资源都可再生，有些资源是数百万年的物质形态转化的结果。

锡石

玛瑙

紫水晶

磷灰石

虎眼石

紫翠玉

红宝石

钻石

石英

宝石因稀有和受人追捧，价值得到提升。

沼泽植被

矿物资源

自从人类开始利用金属，矿物资源变得尤其重要。这些珍贵元素很少以纯天然状态存在于地壳中，而是包含在金属矿物中，只有通过工业程序才能提取。常被开发的金属包括：铁，提取自不同的氧化物；铝，存在于铝土矿中；铜、铅、锌和它们的许多合金。

最初形成的煤是泥炭，含有50%—60%的碳，数百万年以后，变成无烟煤，含碳比例提升到90%—98%。

水

植物遗骸

煤

煤来源于植物的遗骸。湖海、沼泽等地带具有温暖潮湿的特点，为植被生长提供了理想环境。植物死亡后，遗骸被泥土覆盖，并逐渐被推入地壳深处。在那里，压力和温度的升高导致了漫长的碳化过程。

煤炭

油 轮

装载原油的油轮是载重最大的一种油轮。拥有3.5万吨以上的装载力，超级油轮的载重吨位超过20万吨。

为了降低石油在海上挥发的风险，现代油轮的货舱与外部船体之间保留1米以上的间隙。

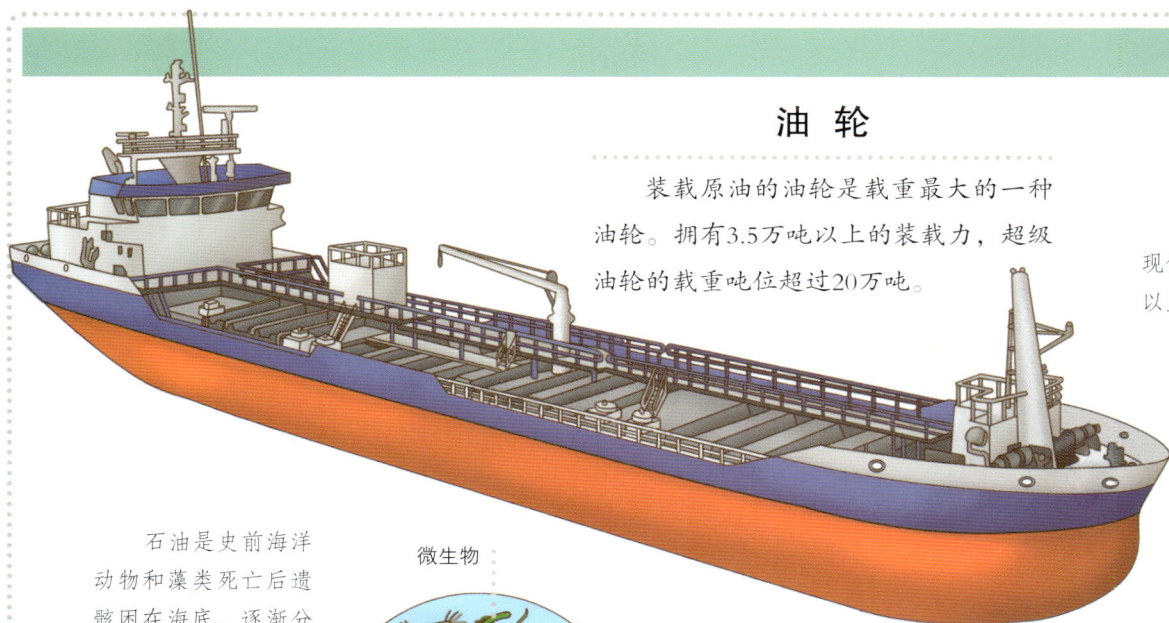

石油是史前海洋动物和藻类死亡后遗骸困在海底，逐渐分解转化而成的。

微生物

石 油

随着时间的推移，含有浮游生物的沉积物逐步下沉。在温度上升和压力增强的条件下，生物遗骸逐渐分解，形成了石油和天然气。这些流体比附近的岩石轻，会向上渗透到附近的岩层中，直到渗透到上面紧密无法渗透的、本身多空的岩层中，这样聚集在一起的石油就形成了油田。

钻井塔

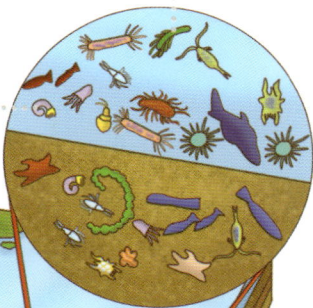

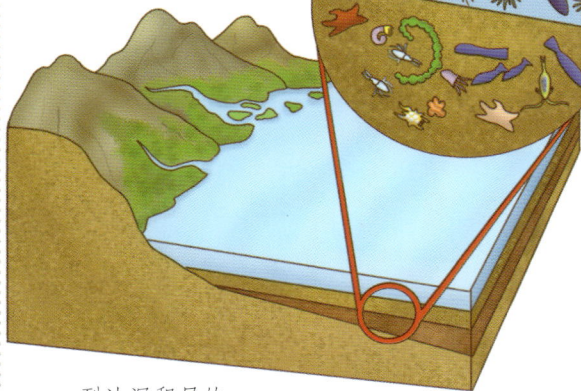

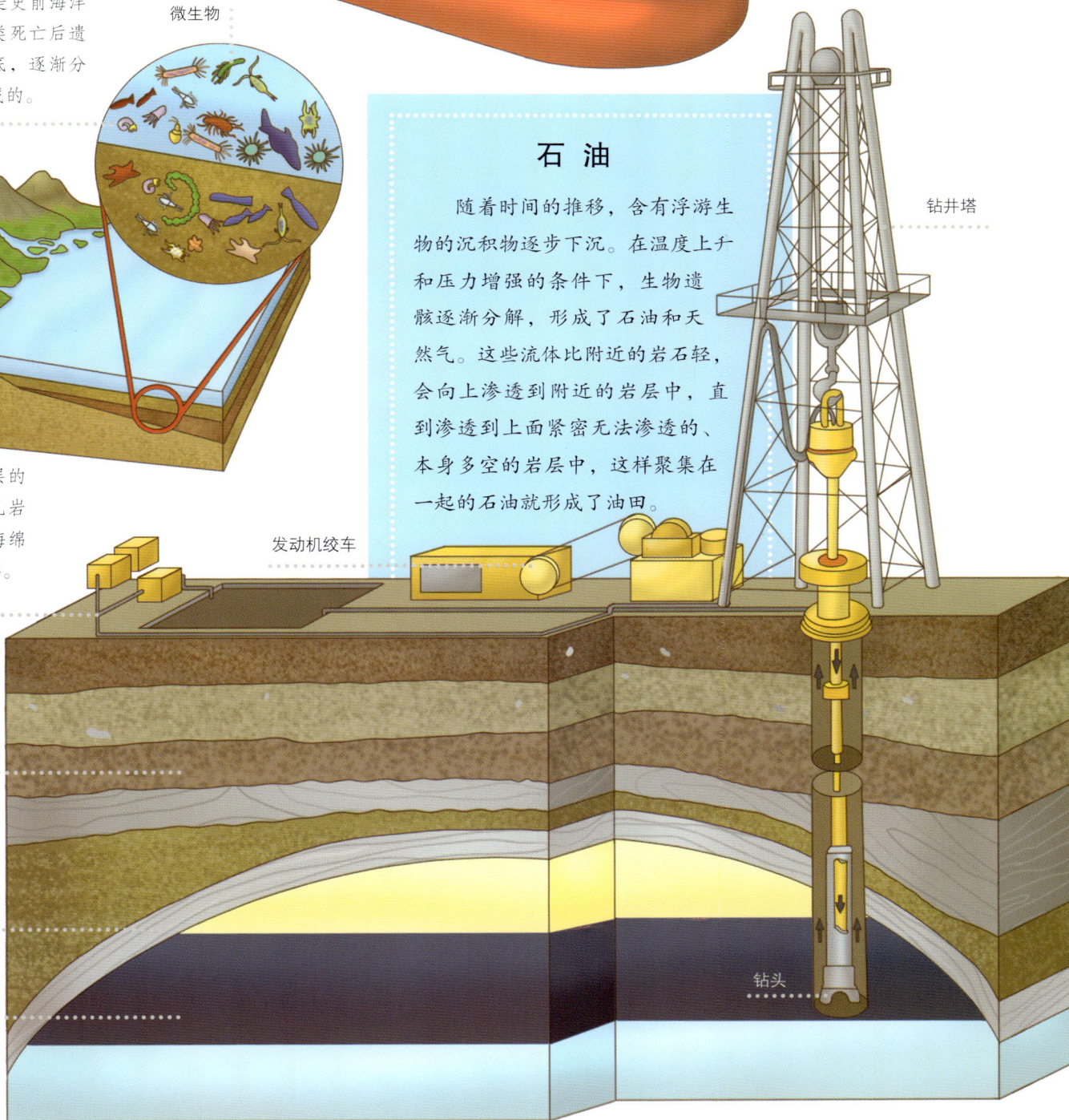

到达沉积层的石油聚集在多孔岩石里，就如同海绵浸泡在水里一样。

发动机绞车

泥泵

岩层

防水岩层

石油

钻头

生态学

　　"生态学"这个术语最早于1866年由德国学者海克尔提出。这门学科研究生物与环境的相互作用。近几十年来，由于环境污染日益严重，"生态学"已经成了热门话题。

水　能

　　水的动能被用于各种系统的发电。水坝是拦截江河渠道水流以抬高水位或调节流量的挡水建筑物。其内部安装的涡轮机和交流发电机通过从上游快速流向下游的水流来旋转。

太阳能

　　太阳能电池组成的光伏板，可以将光能转化为电能。每块太阳能电池主要由含硅的薄板制成，有非常细的电线从中穿过。当阳光照射在薄板上时，会产生微弱的电流。一平方米的光伏板所产生的电流，足以点亮一个100瓦的灯泡。

为了获得最佳性能，光伏板必须面向太阳。

为了最大限度地利用可再生能源带来的好处，现代建筑的建造特别注意内部与外部环境的隔热。

风力涡轮机

风 能

　　风能资源丰富，可再生、干净。风力发电厂可以利用这种潜能，通过风的动能推动大型叶片快速旋转，与叶片相连的发电机把叶片的机械能转化为电能。每个系统由一个支撑塔、一个包含电流发生器和转子的容器组成，转子由叶片和与其相连的轮毂组成。

骑自行车出行是一种既环保又实用的交通方式。

压实机

再生纸和纸板可变成纸浆被重复利用，这可以大大减少砍伐树木的数量。

塑料瓶成为制造各种物品的新材料。

玻璃瓶被熔化并重新制成玻璃瓶。

重复利用铝要比从矿物质中提取便宜很多。

垃圾分类

　　为了优化废物处理，并将其用作能源或用来制造新的物质，有必要将其以不同的方式收集在适当的垃圾箱里。

环卫工人

气象学

气象学主要研究地球大气层，它基于对诸如风、云量、气温和温度、对流层中可检测的大气压力、大部分湿度集中的空气层等参数的观测。

气象监测仪

气象卫星

气象卫星被送入轨道，向人类传输地球广大区域的天气和大气状况的数据和图像。地球气象卫星与地球同步运行，相对地球是静止的，它可以观测地球的固定区域。太阳同步极地轨道卫星与太阳同步，每天在固定时间内经过同一地区两次，每隔12小时就可获得一份全球的气象资料。

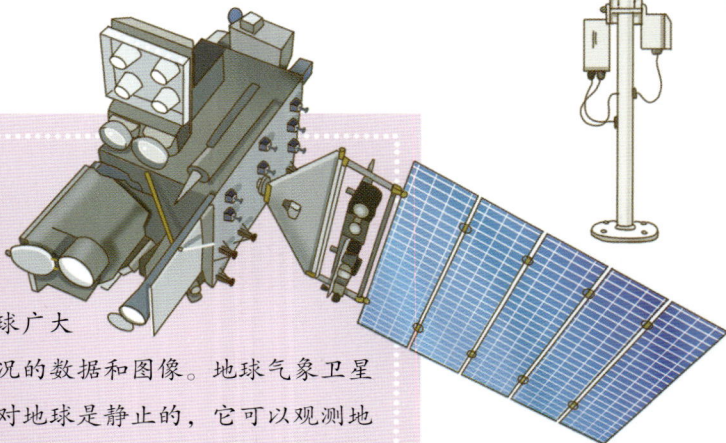

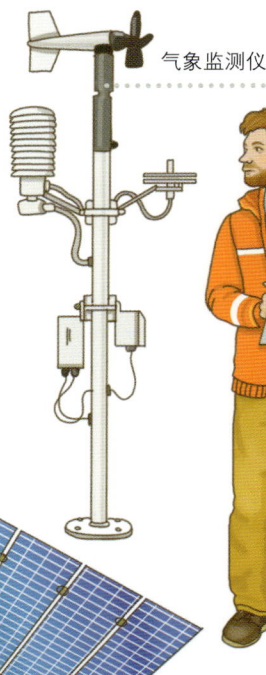

气象学家

气象学家在气象监测站收集成千上万条有关气压、温度、湿度、风向和风速的数据。

卷云

卷积云

高积云

高层云

积雨云

积云

层云

云是巨大的水库，较大的云的水容量可达30万吨。

风

太阳照射的不均匀造成了地球上各个地方的温度不同，空气由温度低的地方向温度高的地方流动，于是就形成了自然风。

闪电雷鸣

天气炎热时，地表温度急剧上升，潮湿的空气迅速上升，在空中混合云中的冰晶和水滴，从而产生电荷。云的上部以正电荷为主，下部以负电荷为主，上下之间形成电位差，当电位差达到一定程度，就会产生放电。这就是常见的闪电现象。

雷声是由空气产生的，空气在放电后迅速膨胀，然后收缩。

树木可以将电直接通向地面，因此雨天在树下避雨非常危险。

彩 虹

风暴过后，阳光射入到半空中的水滴，产生光的折射和反射，形成了彩虹。

彩虹

气 旋

气旋又称"低压"或"低气压"，其特点是多云和天气恶劣。低气压区温热的空气上升、膨胀，其中所含的水蒸气形成云。冷空气急转而下，形成了一个风速超过120千米/小时的气旋。气旋中心平静，周围环绕着一股绵延数百千米的旋风。

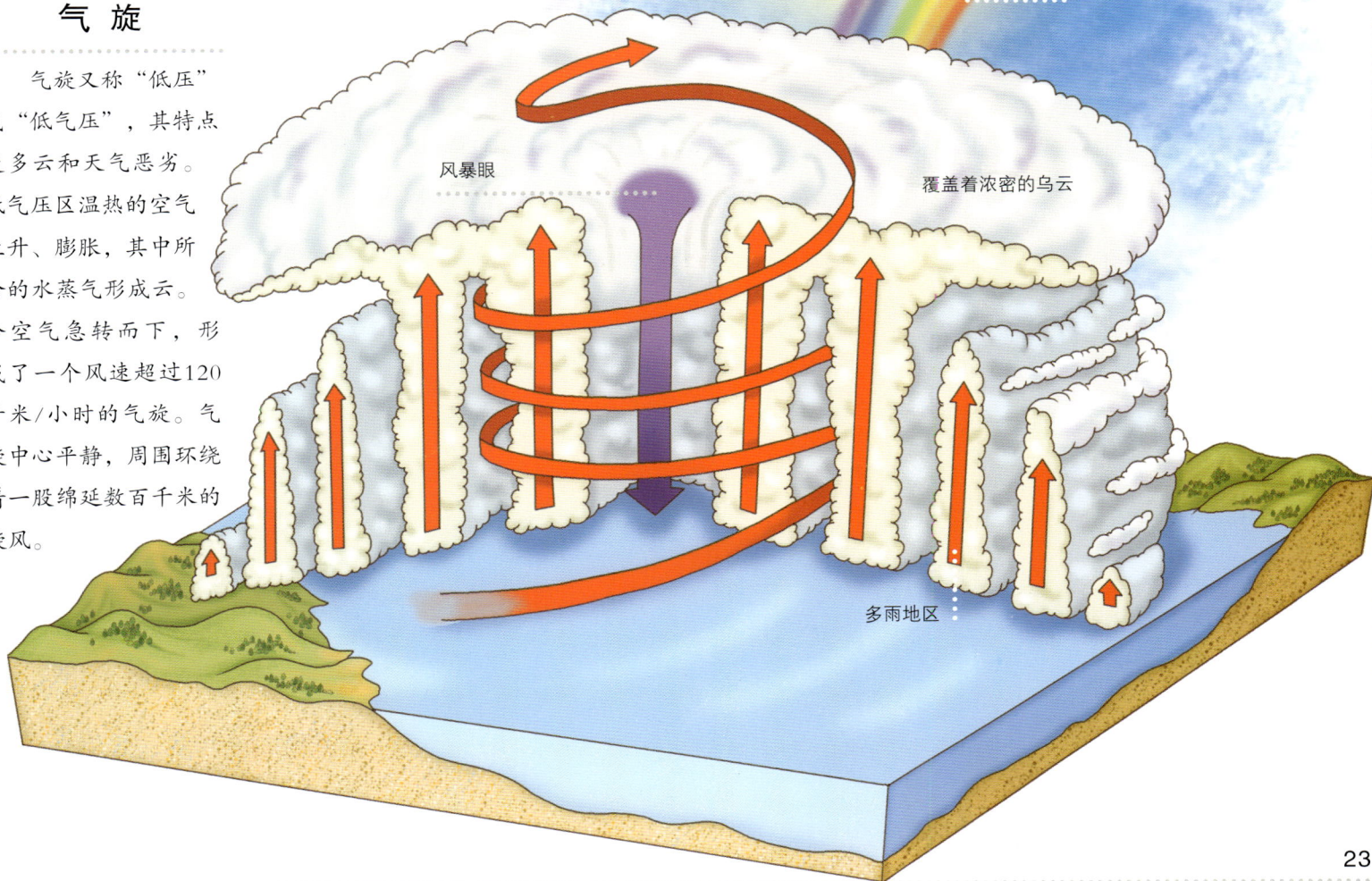

风暴眼

覆盖着浓密的乌云

多雨地区

恐龙

恐龙是2.4亿至6500万年前中生代时期的主宰者。大多数恐龙生活在陆地上，还有一些生活在海洋中，也有一些翱翔在天空，成为天空的主宰者。

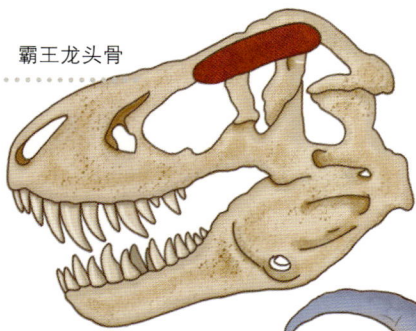

霸王龙头骨

霸王龙巨大的头骨长达1.5米，下颚长有60颗牙齿，每颗长达20厘米。

霸王龙

霸王龙生活在距今约7000万—6500万年的白垩纪，体重超过7吨，是最可怕的捕食者。

霸王龙

霸王龙用后肢行走，身体与地面保持平行。

肉食恐龙

肉食恐龙都属于兽脚亚目。它们的身高差距很大，有的长得比猫还小，有的却长得比三层楼还要高。它们通常后肢健硕有力，而前肢不是很发达。

产卵

卵

伶盗龙是小型肉食动物，但捕猎效率极高。当它们奔跑和捕猎时，可以达到60千米/小时的速度。追逐到猎物后，它们会将猎物扔到地上，用利爪进行攻击。

产 卵

恐龙的种类不同，其产卵方式也不同。长期以来，古生物学家坚信恐龙产下的蛋都面临着被抛弃的命运，但根据考古发现的一些化石遗物所得出的结论，情况截然相反。一些巢穴里仍然有幼小物种的化石，牙齿都有脱落，表明它们被父母抚养过一段时间。

伶盗龙

草食恐龙

草食恐龙是体型巨大的四足动物，体重可达80—100吨，属于蜥脚类动物，有很长的脖子和尾巴，头很小，腿长而直，末端是可伸缩的脚趾，可以保持身体的稳定性。

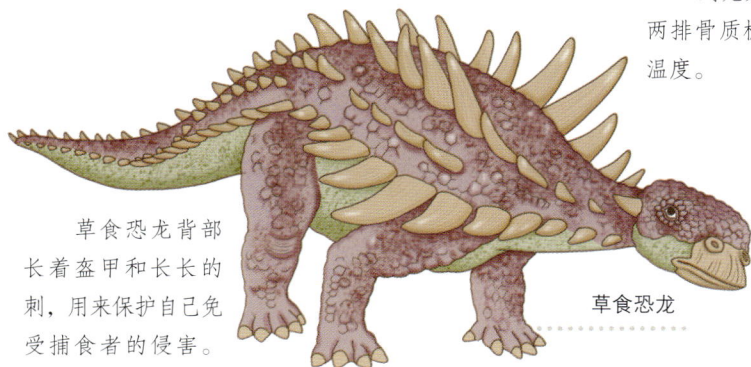

剑龙装备齐全，背上长有两排骨质板，可以调节身体的温度。

骨质板

剑龙

草食恐龙背部长着盔甲和长长的刺，用来保护自己免受捕食者的侵害。

草食恐龙

腕 龙

腕龙有特别发达的颈部，前肢比后肢长，这使得它们能够吃到离地面很高的叶子。腕龙身高可达25米，体重可达70吨。

巨大的鳞片

许多草食恐龙都有坚硬的骨甲，以保护身体免受肉食恐龙的致命侵害。草食恐龙通常体型庞大，敌人侵袭时无法逃跑，只能用带有尖刺或有力的尾巴进行反击以保护自己。

梁龙

腕龙

蜥脚类恐龙每天吃大量的植物。它们用门牙把食物撕下来，囫囵吞下去，因为它们没有臼齿。消化是由肠道内的细菌进行的。

海洋爬行动物

在二叠纪时期，一些爬行动物在陆地上繁衍后，又回到水中生活。在三叠纪时期，大约2.45亿年前，有两种大型的海洋爬行动物：一种长着锥形身体和蹼足，另一种长得和现代海龟相似。

生物起源

寒武纪初期，约5.5亿年前，海洋水域开始出现各种各样的生命形态。它们是奇异的生物，其中许多都有贝壳，用来保护自己柔软的身体。又过了5000万年，鱼类才出现，它们是最早的脊椎动物，陆生脊椎动物就是从它们进化而来的。

菊石目

沧龙

沧 龙

沧龙是最强大最凶猛的海洋掠食者，长着蛇一样的身体、鳄鱼一样的下颚，体长可达18米，生活在7000万—8000万年前白垩纪中晚期，广泛分布于海洋中。

古海龟

古海龟

古海龟又称古巨龟，是带有甲壳的海洋爬行动物，生活在白垩纪晚期。最大的古海龟体长可达4米，有很大的鳍，可以轻松游泳，钩状喙适合捕食软体动物和鱼类。

薄板龙

薄板龙是一种肉食性海洋爬行动物，体长可达14米，体重超过2吨。脖子特别发达，身体相当结实。头不太大，表明它们捕食中等大小的动物。

鱼 龙

鱼龙生活在侏罗纪晚期，是一种大约2米长的肉食动物，有长而窄的下颚、尖尖的牙齿、机灵敏感的眼睛，通常以小鱼和头足类动物为食。

鱼龙

第一块鱼龙化石是由英国古生物学家玛丽·安宁在莱姆里吉斯海滩上发现的。

飞行类爬行动物

翼龙在灭绝之前，统治天空约1.5亿年。这些会飞的爬行动物体型不太大。它们从一根树枝滑翔到另一根树枝，开始了冒险之行。

真双型齿翼龙是晚三叠纪的飞行类爬行动物，具有两种齿型，擅长捕鱼。

迄今为止发现的最古老的鸟类是始祖鸟，生活于侏罗纪晚期，身上有与今天的鸟类一样的羽毛。

始祖鸟

很长一段时间，始祖鸟被认为是介于爬行动物和鸟类之间的物种。

最大的飞行类爬行动物是翼龙，翼展长度可达12米。

翼龙

真双型齿翼龙

曲颌形翼龙的翼展长达1米，长而弯曲的门牙使其更有利于捕鱼。

翼龙头上有一个冠，这使其更容易控制飞行的方向。

骨骼

翼龙的骨骼轻薄，中空，内部有坚硬的骨小梁，使其既轻又坚固，非常适宜飞行。

翼龙的上肢充当翅膀，翼膜从肩部延伸至后肢。

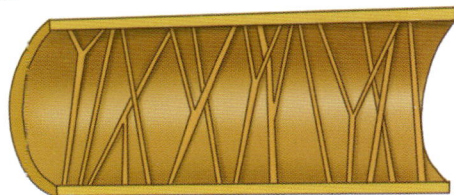

曲颌形翼龙

尾巴

喙嘴龙是比较原始的翼龙，有一条非常细长的尾巴，尾巴末端有舵状皮膜。

翼手龙是一种进化程度更高的飞行类爬行动物，它有一条发育不全的短尾巴，通过皮膜与腿相连。

翼手龙

所有翼龙的身体和翼上都覆盖着一层毛发。

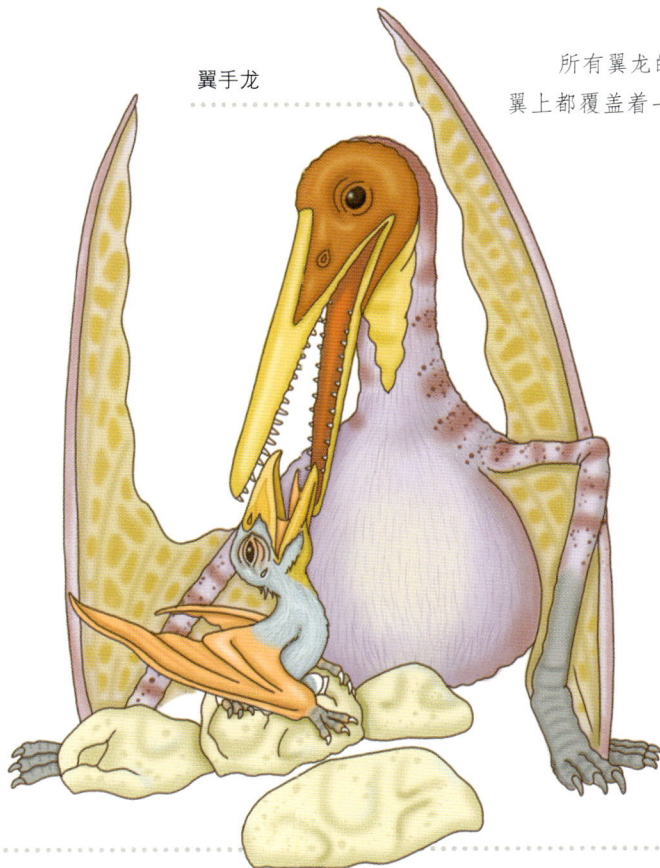

翼手龙

翼手龙之所以会飞，是因为前肢和后肢之间有又长又窄的翼膜。翼手龙的尾巴很短，身上长满了毛，喙上长满了牙齿。这种奇怪的动物不是鸟，甚至不是恐龙。它们可能会照顾后代。

细胞

细胞是构成生物体的基本单位。每一个细胞都是独立的生命，是最小的生物单位。它们是由英国科学家罗伯特·胡克在显微镜下研究软木塞的结构时发现的。他发现了由无数小"细胞"组成的规则结构。

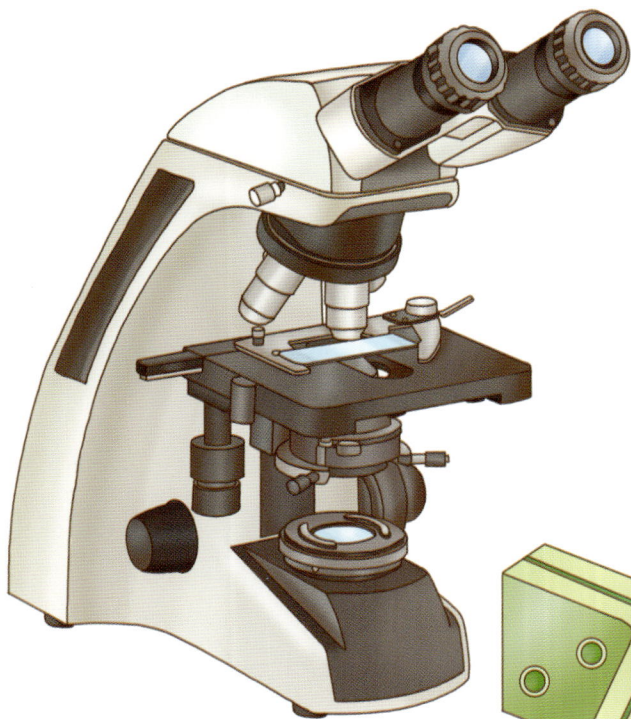

显微镜

单个细胞非常小，只有通过光学显微镜才能看到。光学显微镜还可以用来观察细胞核，但是要识别细胞器，需要功能更强大的电子显微镜。

有些生物是由一个细胞组成的，主要分无核单细胞和有核单细胞。有核的如变形虫，可引发肠道感染。

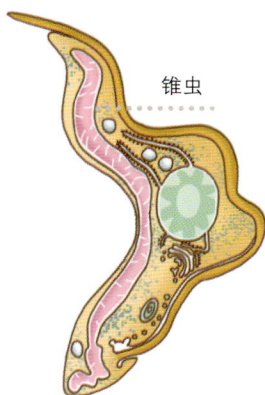

锥虫

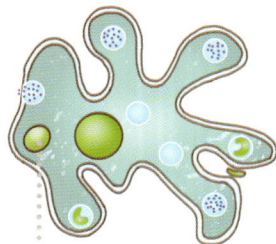

变形虫

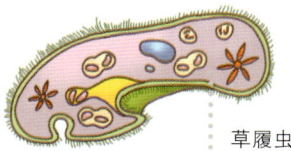

草履虫

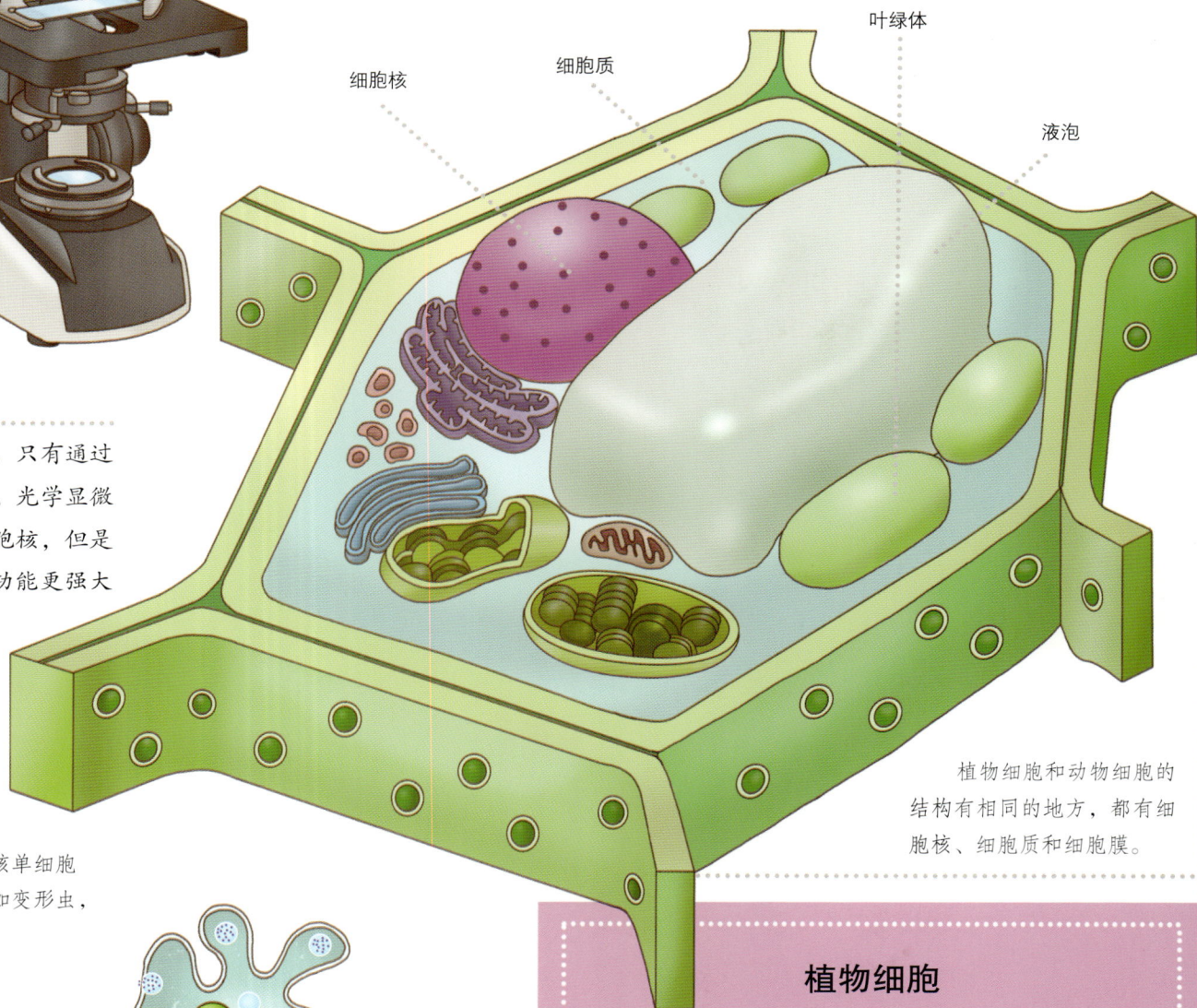

细胞核　　细胞质　　叶绿体

液泡

植物细胞和动物细胞的结构有相同的地方，都有细胞核、细胞质和细胞膜。

植物细胞

植物细胞和动物细胞的结构也有不同的地方：植物细胞有细胞壁，动物细胞没有细胞壁。植物细胞的细胞壁主要由纤维素构成，纤维素是一种提供保护和支撑的刚性物质。植物细胞里有叶绿体，动物细胞里没有。叶绿体中含有叶绿素，叶绿素能进行光合作用，制造植物生长所需的养料。植物细胞里的液泡很明显，并且在植物的生命活动中起着重要的作用，而高等级的动物细胞里的液泡并不明显。

人体细胞

人体里的细胞大约有200多种类型。这些细胞又组成四种类型的组织：上皮组织、肌肉组织、结缔组织和神经组织。

染色体

细胞质

核仁

下面是它们的样子：

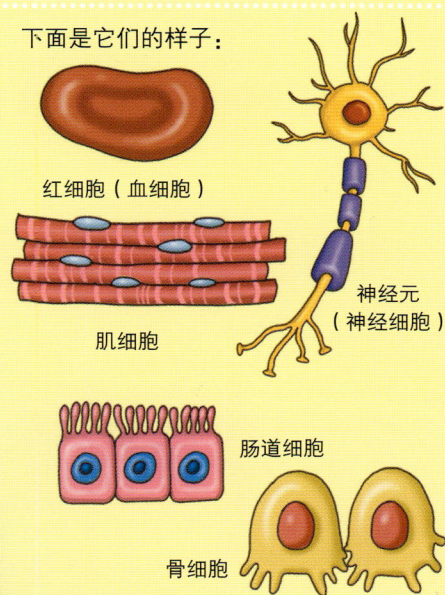

红细胞（血细胞）

神经元（神经细胞）

肌细胞

肠道细胞

骨细胞

我们的身体每秒更新约400万个细胞，其中大部分是红细胞。

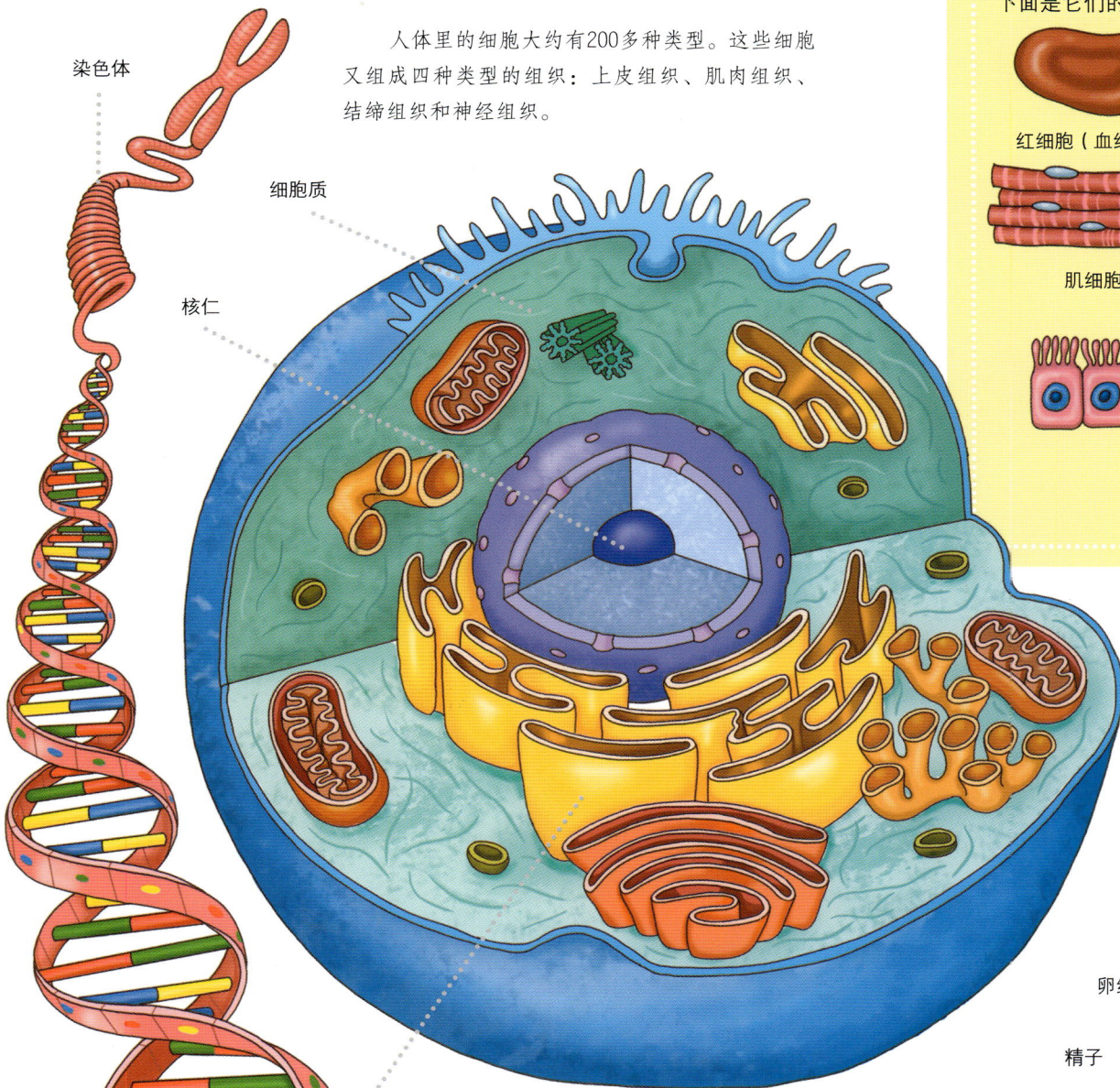

高尔基体

基因链

细胞结构复杂，其中心被含有DNA的细胞核占据，周围是细胞质，这是一种包含着许多细胞器的胶状物，其中细胞器包括核糖体、溶酶体、线粒体等，所有这些都被包裹在细胞膜中。

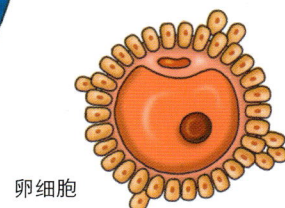

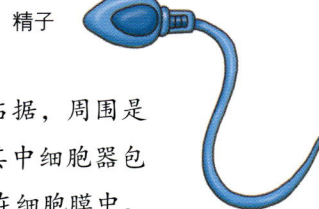

卵细胞

精子

DNA

生物体中的遗传信息储存于DNA中。DNA的结构像一个螺旋形的梯子，盘绕在一起的DNA构成一条染色体。除了同卵双胞胎，每个人都有不同的DNA。

循环系统

心脏、血液和血管形成循环系统，为人体各个细胞提供营养物质和氧气。每分钟全身血液循环一次。

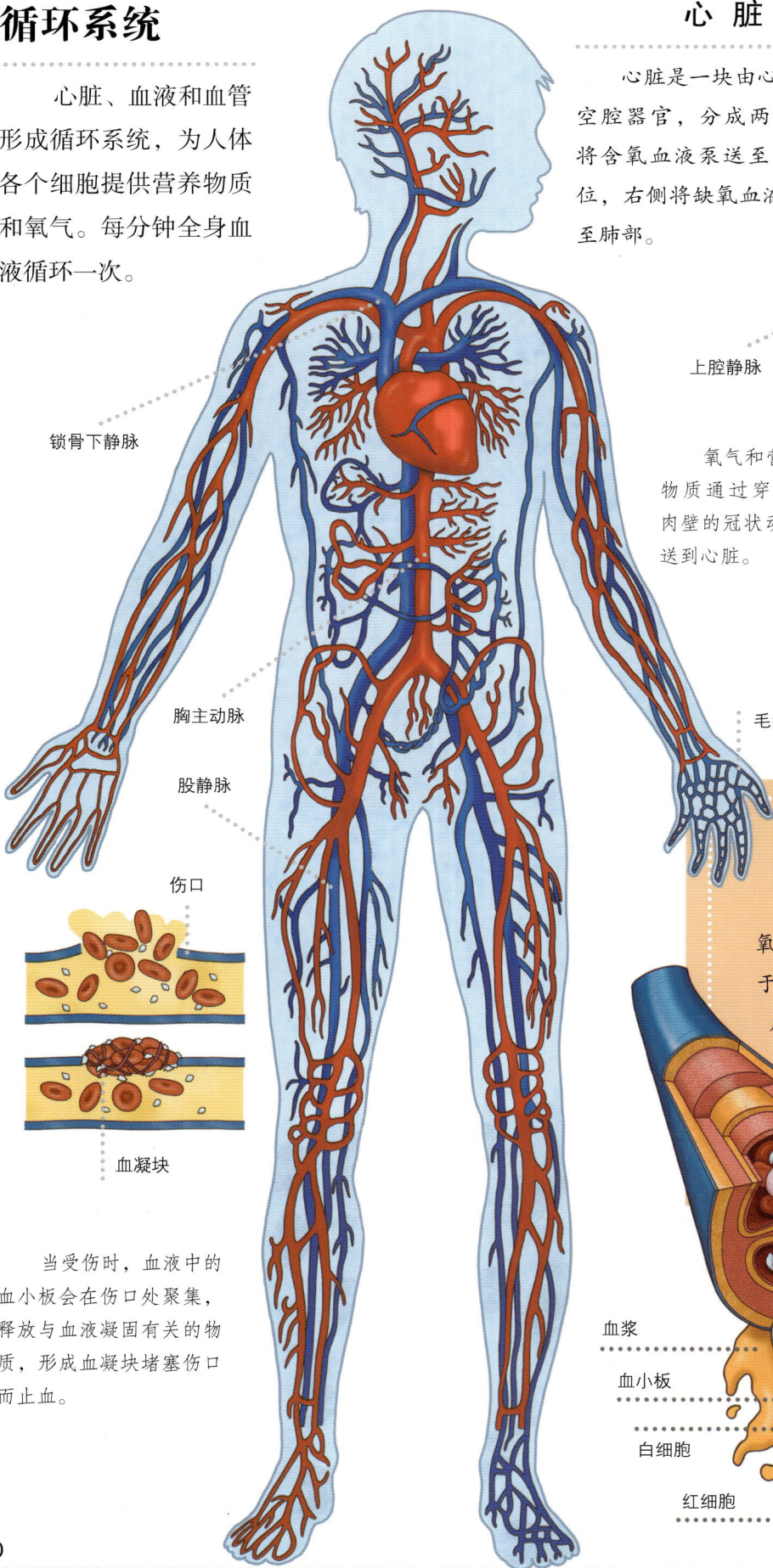

锁骨下静脉

胸主动脉

股静脉

伤口

血凝块

当受伤时，血液中的血小板会在伤口处聚集，释放与血液凝固有关的物质，形成血凝块堵塞伤口而止血。

心 脏

心脏是一块由心肌构成的空腔器官，分成两半。左侧将含氧血液泵送至身体各部位，右侧将缺氧血液输送至肺部。

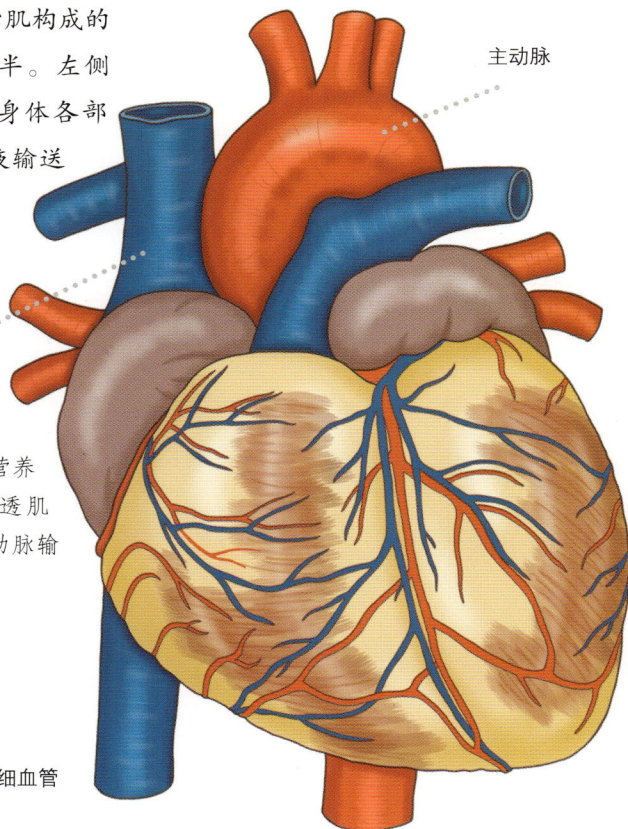

主动脉

上腔静脉

氧气和营养物质通过穿透肌肉壁的冠状动脉输送到心脏。

毛细血管

血 液

血液由血浆和血细胞组成。血细胞包括携带氧气的红细胞、能够抵御细菌侵袭的白细胞和用于修复伤口的血小板。血浆为淡黄色的液体，成分比较复杂，包括蛋白质、脂类、无机盐、糖、氨基酸、代谢废物以及大量的水。血液含氧量多时呈鲜红色，含氧量少时呈暗红色。

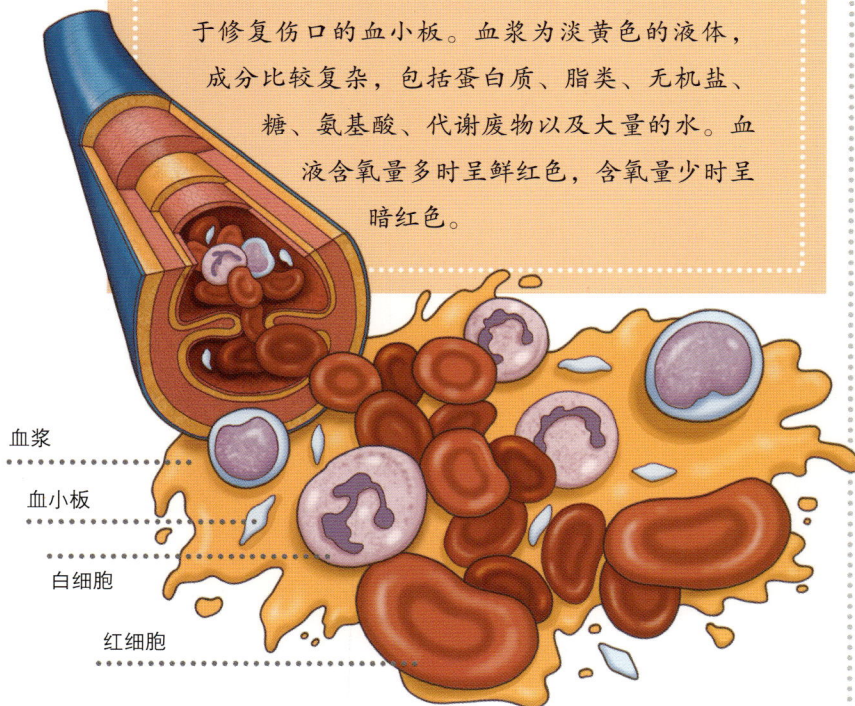

血浆

血小板

白细胞

红细胞

呼吸系统

呼吸系统的任务是给血液提供氧气，排出细胞产生的二氧化碳。构成这个系统的器官包括鼻、咽、喉、气管、支气管和肺。

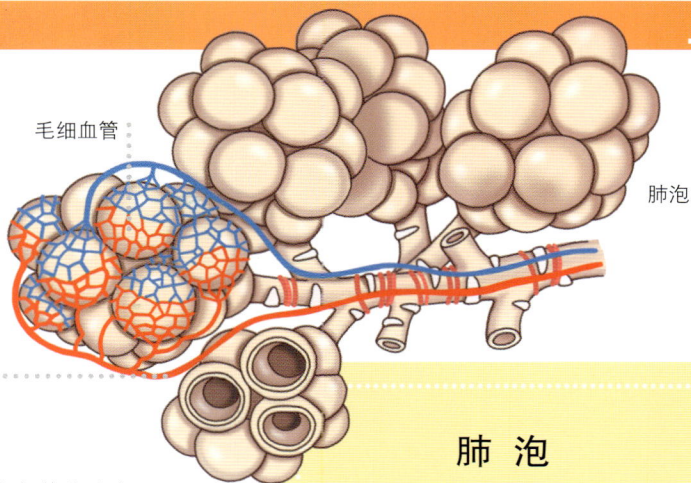

毛细血管

肺泡

血管

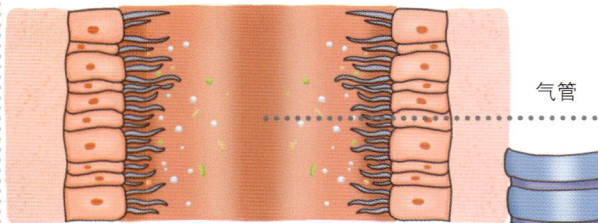

气管

双肺看起来像有许多小孔的两个巨大海绵。每个肺都由胸膜包围着，在呼吸的时候起润滑作用。

气道和气管的壁上覆盖着黏膜，这些黏膜具有加热、加湿和过滤空气的功能。

肺泡

肺部有大量肺泡，氧气通过肺泡进入血液。肺泡是微小的空心球体，壁很薄，包裹在来自肺动脉和肺静脉的毛细血管中。这种特殊的构造有利于吸入的氧气迅速穿过肺泡壁到达血液，而废弃的二氧化碳则迅速地由血液进入肺泡，然后排出体外。

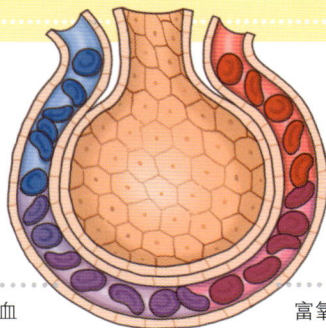

肺泡

乏氧血

富氧血

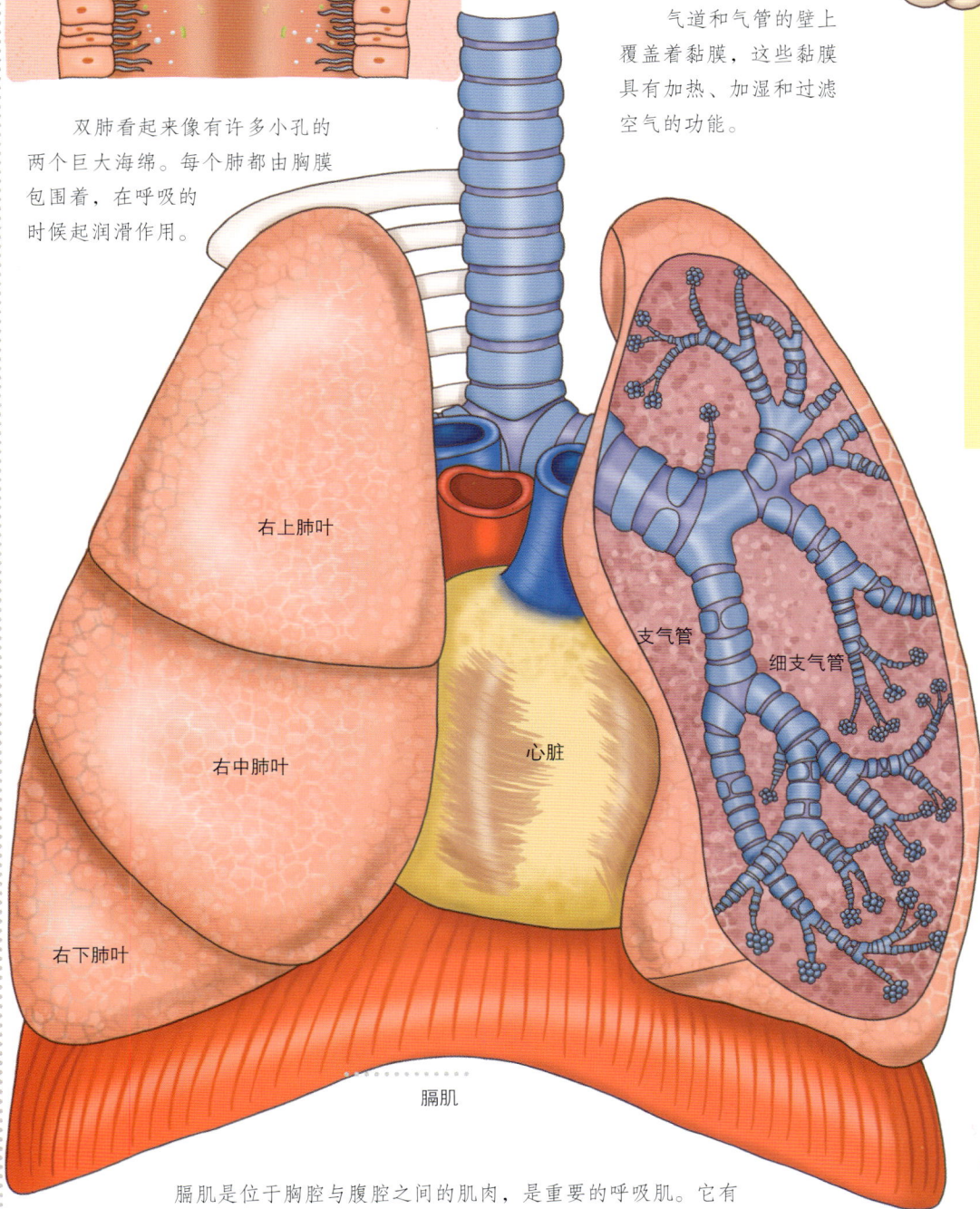

右上肺叶

右中肺叶

右下肺叶

心脏

支气管

细支气管

膈肌

膈肌是位于胸腔与腹腔之间的肌肉，是重要的呼吸肌。它有节奏的收缩使胸腔扩张，有利于富含氧气的气体进入肺泡，同时膨胀促使富含二氧化碳的气体排出。

发声器官

喉部的声带是一种能够发出声音的膜层。如果从肺部排出的空气被推到闭合的声带之间，声带就会振动，发出声音，然后通过舌头和嘴巴的运动，转化为语言。

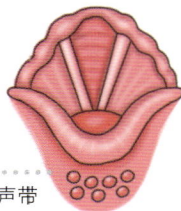
开放声带

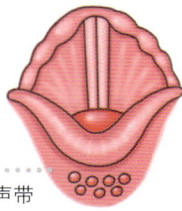
闭合声带

饮食

我们需要吃东西，才能获得身体生长、发育、修复和维护所需的营养。为此，我们需要先消化食物，然后从中获取必要的营养来满足身体的各项需求。

口腔的任务是咀嚼食物并将其与唾液混合，从而使食物变成食团进入食道。在吞咽时，呼吸会暂停，以防止食物颗粒进入气管。

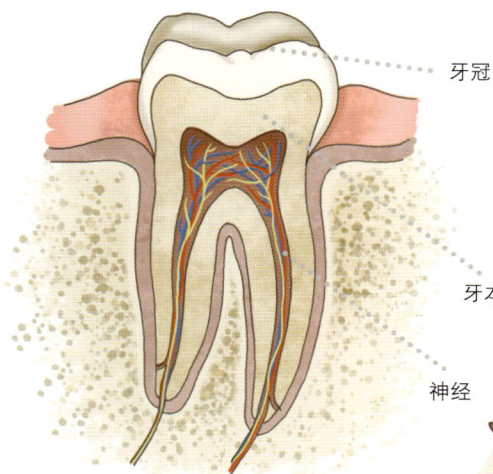

牙冠

牙本质

神经

牙龈

唇

上腭

咽喉

扁桃体

舌头

臼齿

犬齿

门齿

甜食和脂肪含量多的食物要少吃。

牙 齿

成年人有32颗各司其职的牙齿。门齿负责把食物切成小块，犬齿咬断最坚硬的部分，然后前白齿开始咀嚼，最终由白齿完成整个咬碎过程。

食物金字塔

为了保持健康，我们应该合理膳食。食物最好是新鲜多样的，能够提供身体必需的维生素和碳水化合物。摄入时要注意适量。

液体位于食物金字塔的最底层，是因为我们人体每天需要2.5—3千克的水。再上一层是水果和蔬菜，它们富含人体必需的维生素，可以起到调节新陈代谢、预防疾病和维持身体健康的作用。

面包、面食和米饭等谷类食物是身体主要的能量来源。再上一层是蛋白质食物，比如牛奶、肉、蛋，必须适量摄入。在食物金字塔的顶端，是提供能量的脂肪和糖类。

消化系统

口腔咀嚼食物，将其变成食团。食团通过食道进入胃中，胃液与其混合后，再进入到肠道，营养物质在那里被吸收。

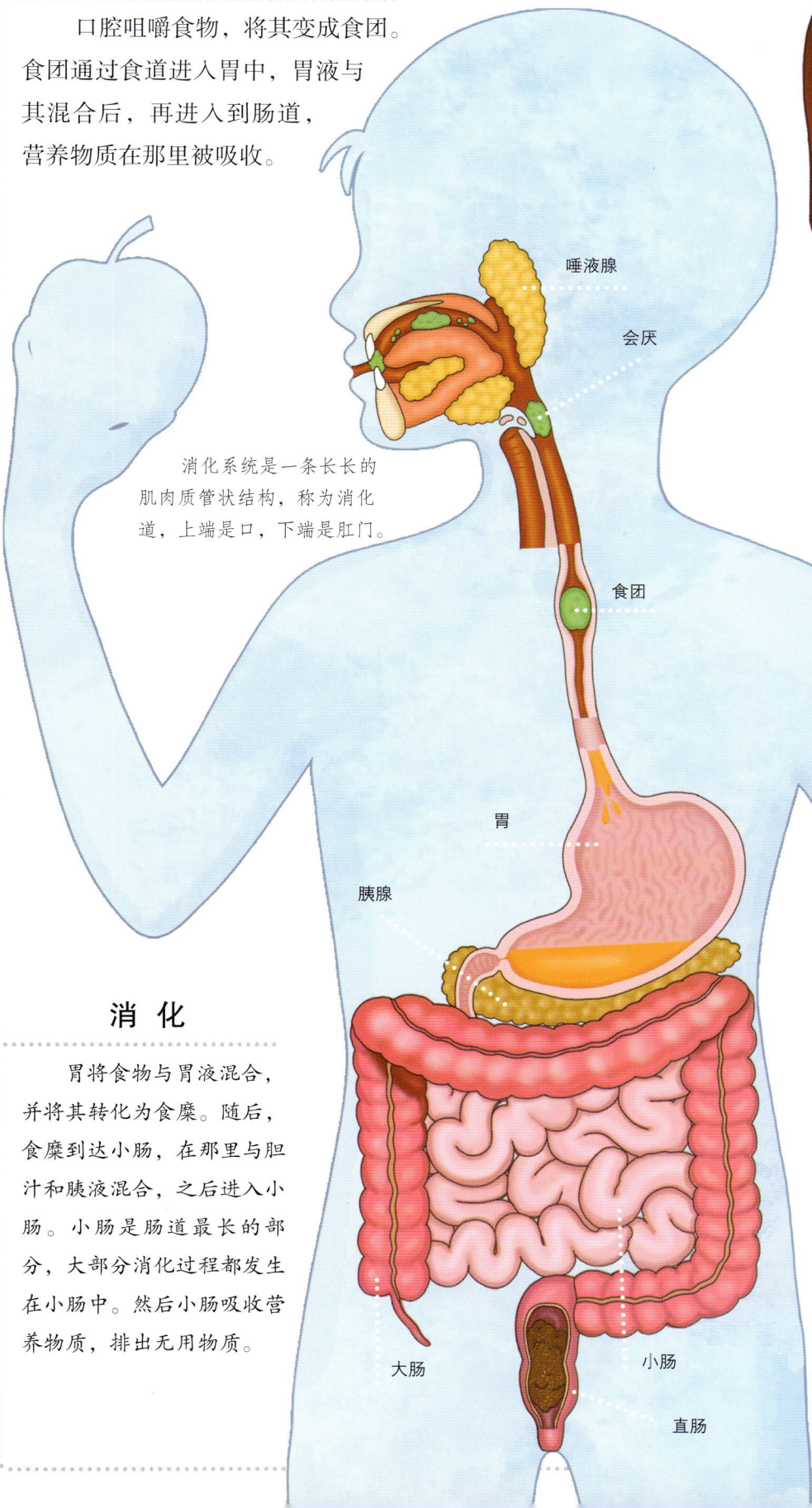

消化系统是一条长长的肌肉质管状结构，称为消化道，上端是口，下端是肛门。

唾液腺

会厌

食团

胃

胰腺

胆囊存储肝脏产生的胆汁，当消化需要的时候，再将胆汁排出。

胆囊

肝 脏

肝脏是人体最大的内脏器官，由约100万个肝小叶构成。肝小叶呈六角柱形，在六角柱的每一个角处都排列着3条管道。两条是动脉和静脉；另一条是胆管，用来收集肝脏分泌的胆汁。

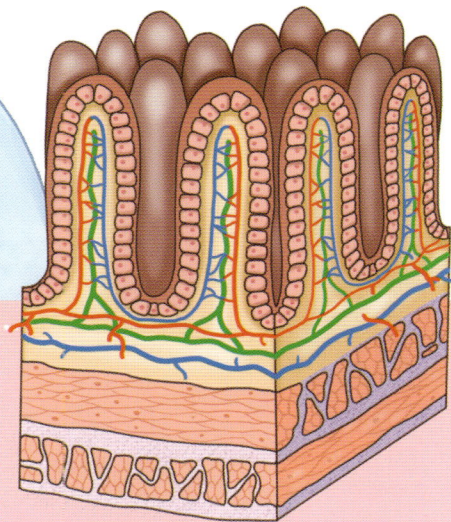

小肠绒毛

小肠壁覆盖着数以百万计的绒毛，用来吸收营养。每根绒毛都有一个富含毛细血管的特殊结构，使其能够进入被吸收的血液，进行血液循环。在消化过程中，绒毛有节奏地拉长和缩短，以提高工作效率。

消 化

胃将食物与胃液混合，并将其转化为食糜。随后，食糜到达小肠，在那里与胆汁和胰液混合，之后进入小肠。小肠是肠道最长的部分，大部分消化过程都发生在小肠中。然后小肠吸收营养物质，排出无用物质。

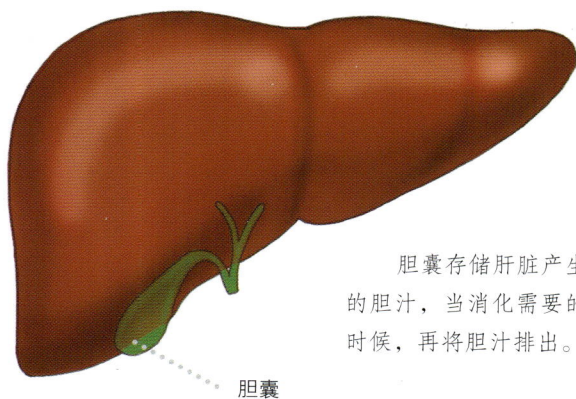

大肠

小肠

直肠

在吃饭之前，需要仔细洗手。

肌肉组织

人体约有640块肌肉，这些肌肉按结构和功能不同分为三种类型：骨骼肌，由附着在骨骼上的横纹肌组成；心肌，能够在不知疲劳的情况下有节奏地持续收缩；平滑肌，由许多细长的细胞组成，这些细胞常常互相联结成片。平滑肌构成体内许多器官。

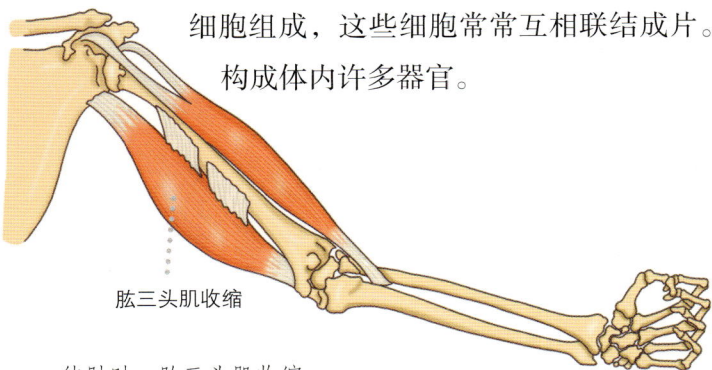

人面部的肌肉牵拉面部的皮肤，会产生不同的表情。

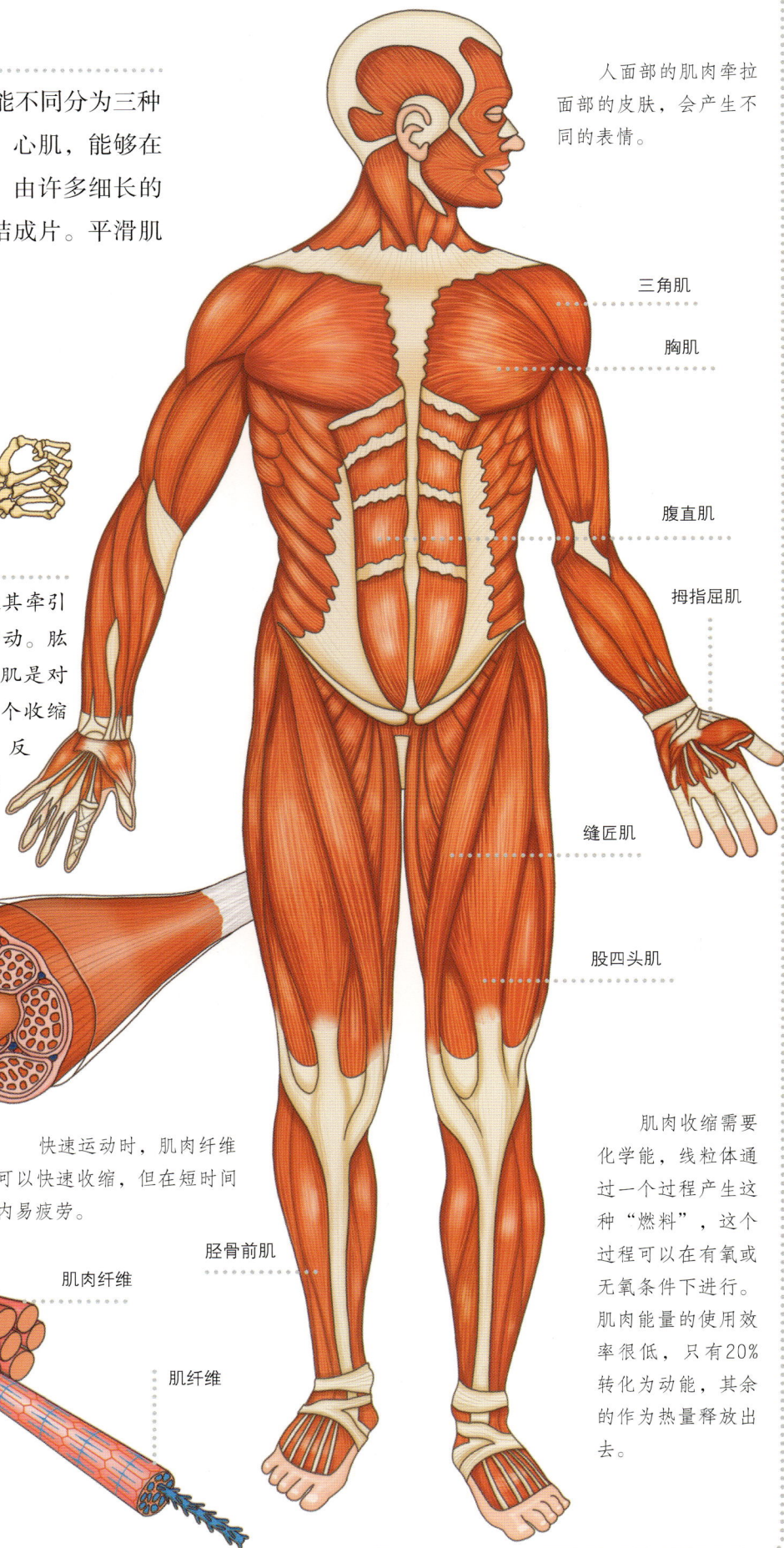

三角肌

胸肌

腹直肌

拇指屈肌

缝匠肌

股四头肌

胫骨前肌

肌肉纤维

肌纤维

肱三头肌收缩

伸肘时，肱三头肌收缩，肱二头肌舒张。

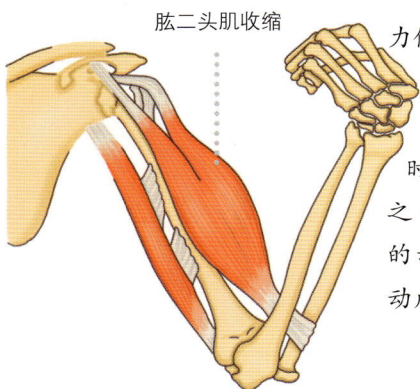

肱二头肌收缩

屈肘时，肱二头肌收缩，肱三头肌舒张。

对立肌

骨骼肌可以通过其牵引力使其相连的骨骼移动。肱二头肌和肱三头肌是对立肌，当其中一个收缩时，另一个舒张，反之亦然。这种协调的动作使前臂的运动成为可能。

快速运动时，肌肉纤维可以快速收缩，但在短时间内易疲劳。

肌肉收缩需要化学能，线粒体通过一个过程产生这种"燃料"，这个过程可以在有氧或无氧条件下进行。肌肉能量的使用效率很低，只有20%转化为动能，其余的作为热量释放出去。

骨骼肌

骨骼肌是由成束的肌肉纤维构成的。每根肌肉纤维都由更小的棒状纤维——肌纤维组成，而这些细小的肌纤维里有更微细的纤维——肌丝。当肌丝一起滑动时，所有的肌肉纤维就缩短，于是整块肌肉就收缩，拉动骨骼，使其移动。

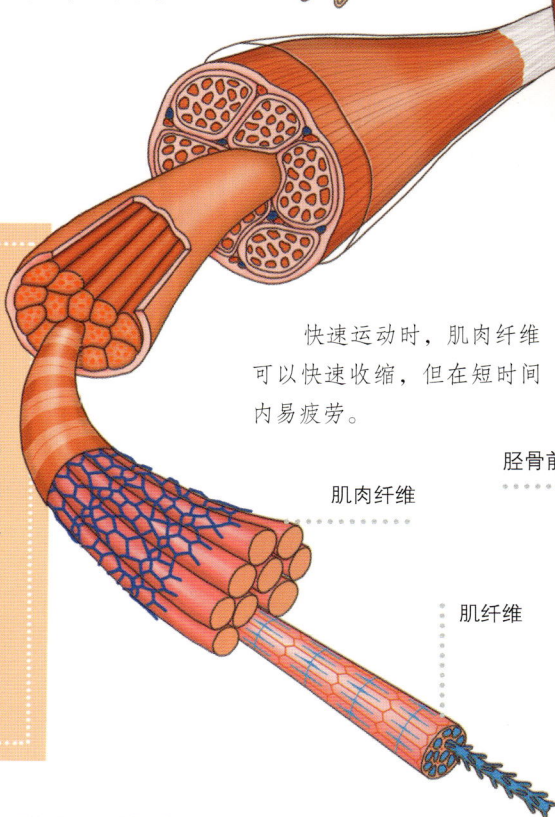

骨骼

骨骼具有支撑身体和保护内部器官的功能。成人的骨骼有206块，它们相互连接构成人体的骨架。

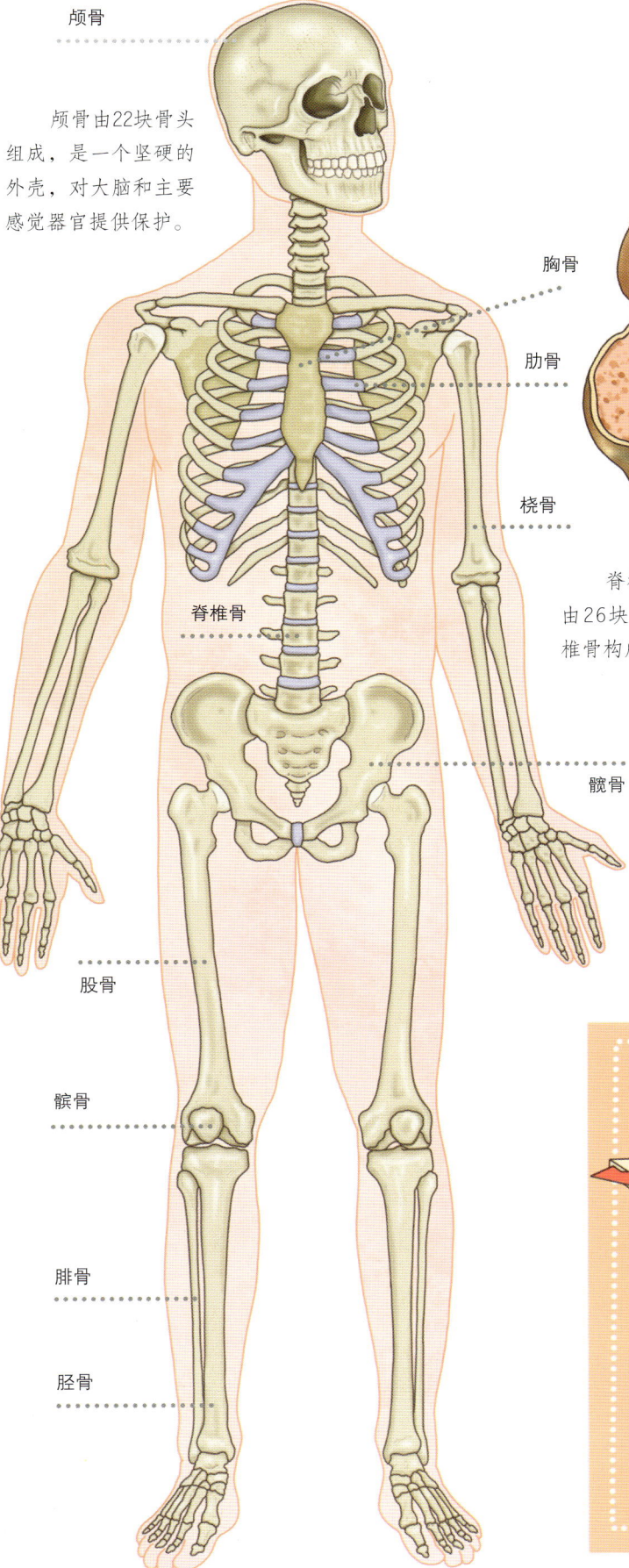

颅骨

颅骨由22块骨头组成，是一个坚硬的外壳，对大脑和主要感觉器官提供保护。

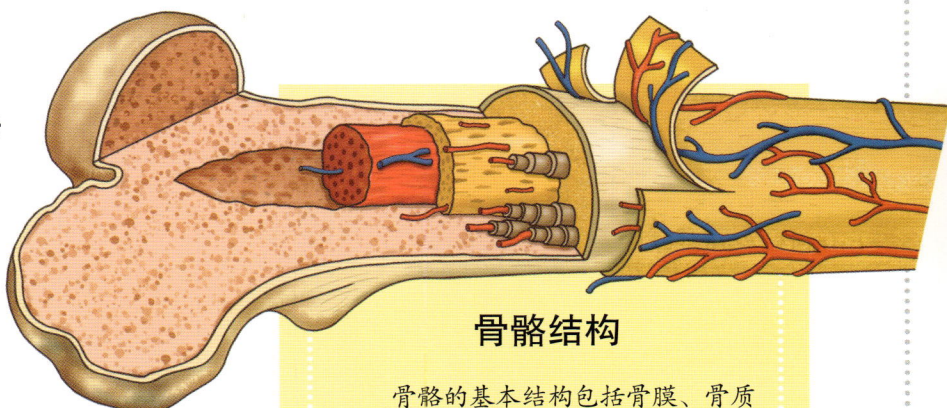

胸骨

肋骨

桡骨

脊椎骨

脊柱呈S形，由26块环状的脊椎骨构成。

髋骨

股骨

髌骨

腓骨

胫骨

骨骼结构

骨骼的基本结构包括骨膜、骨质和骨髓。骨膜位于骨骼表面，内有神经和血管。骨质又包括骨密质和骨松质，前者质地坚硬致密，分布于骨的表层；后者呈海绵状，分布于骨的内部。骨髓填充在骨髓腔和骨松质的空隙内，分为红骨髓和黄骨髓。红骨髓有造血功能。

关 节

在人体骨骼系统中，每当两块骨头相遇时，它们就形成关节。有一些关节是固定、僵硬的，但大部分关节是能够自由活动的。

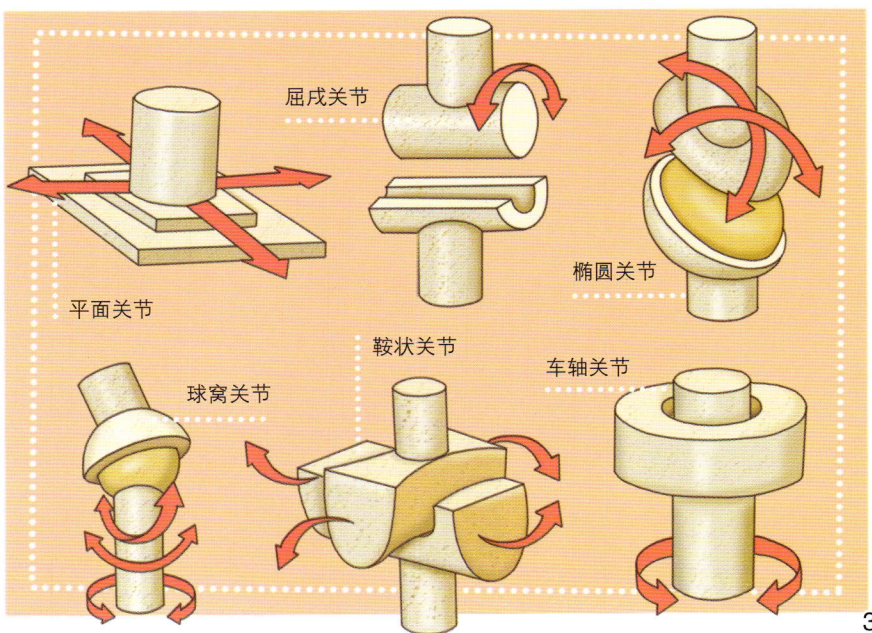

屈戌关节

椭圆关节

平面关节

球窝关节

鞍状关节

车轴关节

五种感觉

　　我们与外界接触时通过感觉器官来感知外部刺激。视觉、听觉、味觉和嗅觉集中在头部，触觉分布在身体的各个部位。在五种感觉中，视觉是最主要的感觉，而听觉是胎儿最先发育的感觉。

眼睛里有：

● 角膜，位于眼睛前部的透明膜。

● 瞳孔，虹膜中心的一个小开口，光线可以通过它进入眼睛。

● 晶状体，是一个双凸面透明组织，可以改变形状，使光线聚焦到视网膜上。

● 虹膜，是眼睛的有色区域，用于调节瞳孔的大小。

● 视网膜，在这里形成精细的彩色图像并将其发送到大脑。

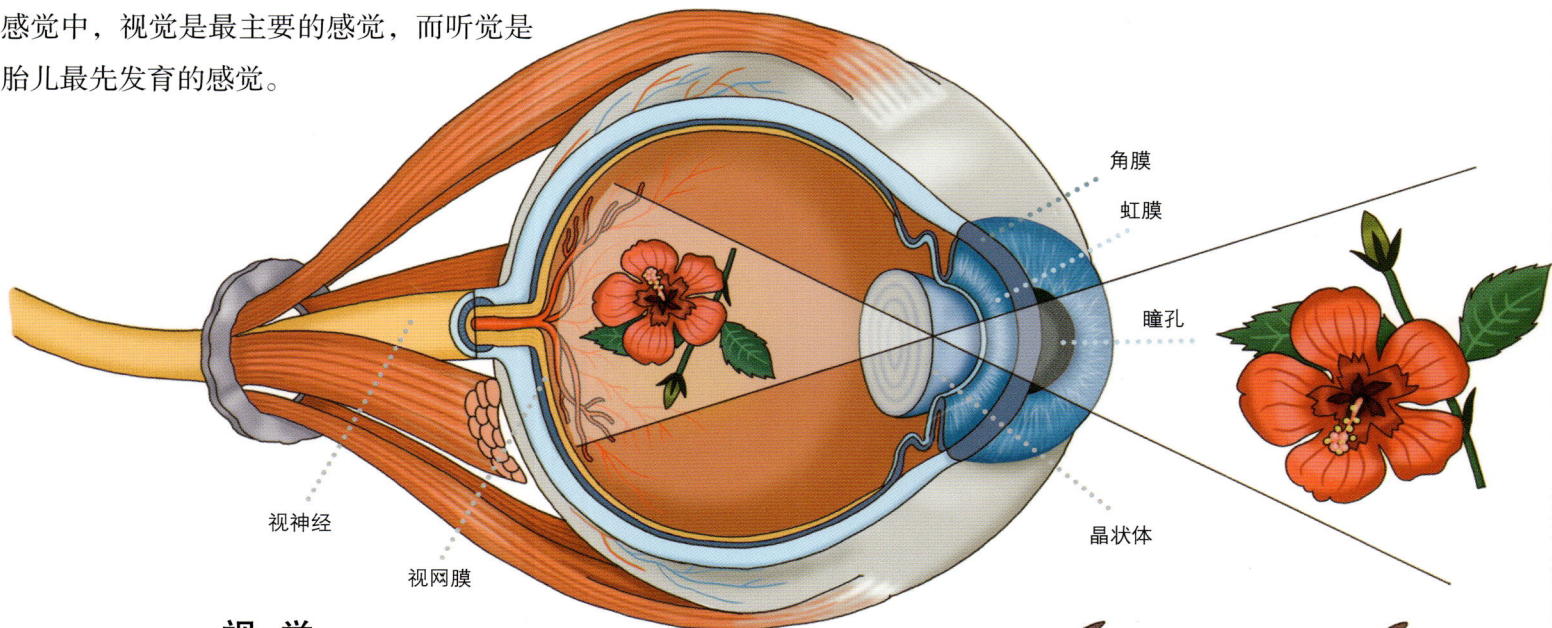

角膜
虹膜
瞳孔
晶状体
视神经
视网膜

视　觉

　　眼睛是视觉器官，当来自物体的光线射入眼睛时，会被角膜和晶状体所折射。光线穿过眼睛内部的结构，落在视网膜上成为一个倒像。这个信息被传送到大脑，大脑将这个倒像正了过来。视网膜含有两种感光细胞：视锥细胞与视杆细胞。视锥细胞专门感知强光和颜色，视杆细胞感知弱光。

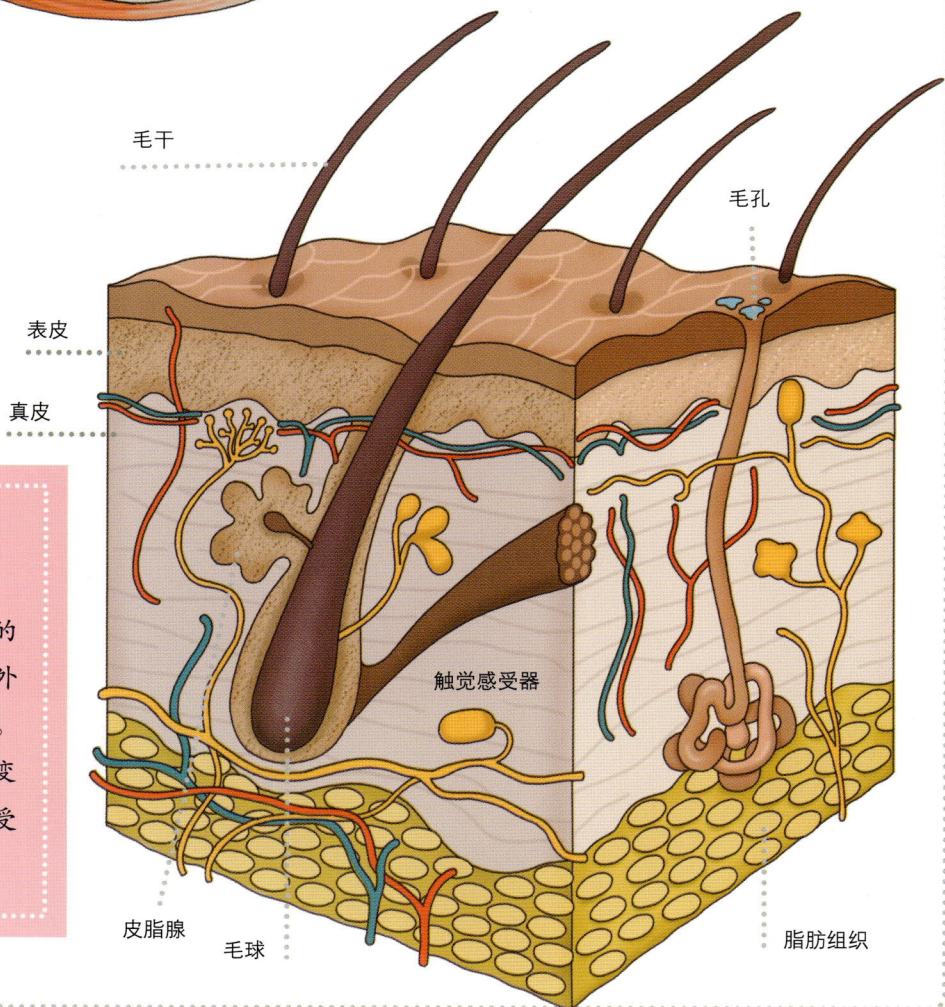

毛干
毛孔
表皮
真皮
触觉感受器
皮脂腺
毛球
脂肪组织

触　觉

　　皮肤是最大的感觉器官，覆盖在我们身体的表面，形成一道保护屏障。皮肤分两层：最外层的表皮和不同触觉感受器所在的底层真皮。正是这些感受器让我们能感知疼痛和温度的变化。在身体的某些部位，如嘴唇和指尖，感受器的密度更大，因此它们是特别敏感的区域。

听 觉

耳朵通过空气的震动来接收声波，声波先被外耳收集，通过耳道向里传送。声波传导到耳膜，引起耳膜振动，再传到听骨。听骨推拉着内耳进口处的前庭窗，使耳蜗里的外淋巴也产生振动。耳蜗里有毛细胞，细胞上的纤毛受到刺激，把振动转变为电信号，送入大脑。

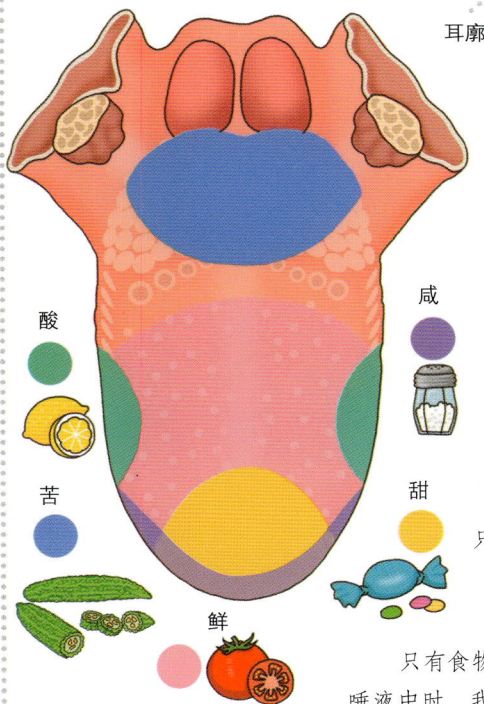

（内耳的）半规管

神经

耳蜗

耳膜

砧骨

传导

耳廓

听骨

锤骨

镫骨

味蕾呈卵圆形，每个味蕾都是由一组味觉细胞组成的。

酸

咸

苦

甜

鲜

构成味蕾的细胞只能存活约10天。

只有食物溶解在唾液中时，我们才能感知到它们的味道。

舌头表面分布着味蕾，它们形成了大约10000个不同的舌乳头。

味 觉

舌头能让我们感知食物的味道，这是因为舌头表面分布着味觉感受器——味蕾。味蕾顶端有一小孔，叫味孔。当溶解的食物进入小孔时，味觉细胞受刺激而兴奋，经神经传到大脑而产生味觉。舌根部对苦味敏感，舌尖部对甜味敏感，舌两侧对酸味和咸味敏感。

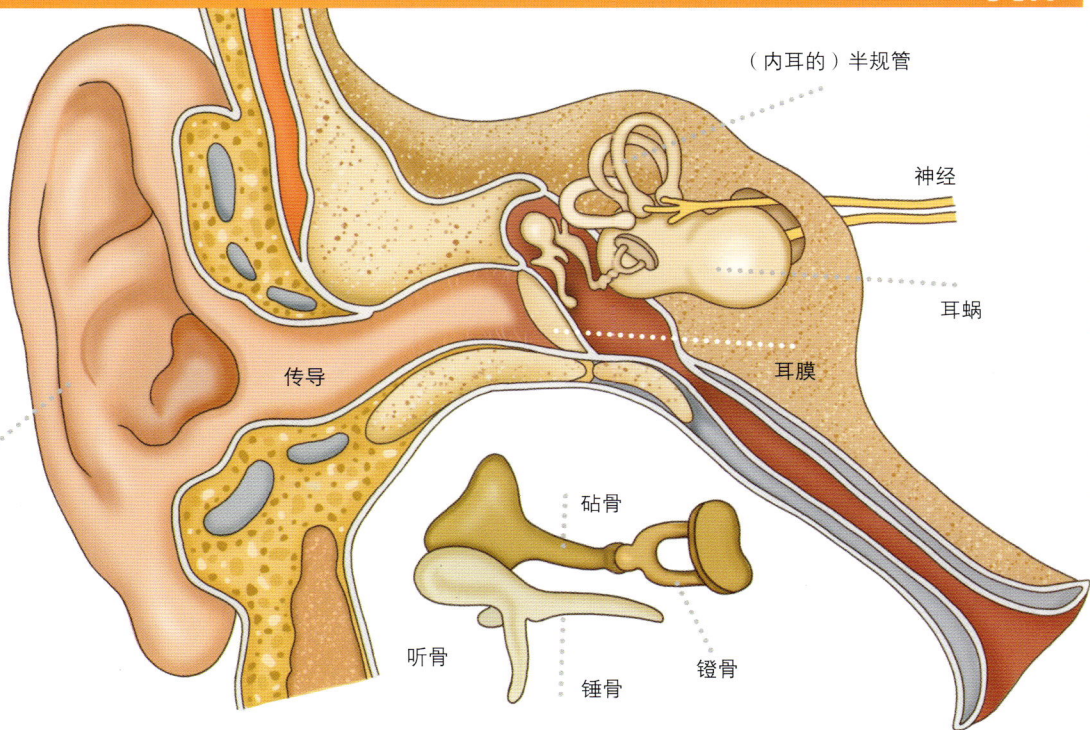

嗅 觉

鼻子里有感知气味的嗅觉感受器。嗅觉细胞集中在鼻腔的顶部，溶解在黏膜中的气味分子到达这里，与嗅觉细胞的纤毛相遇并被捕获。然后，嗅觉感受器产生神经信号，并发送到大脑的额叶区域。

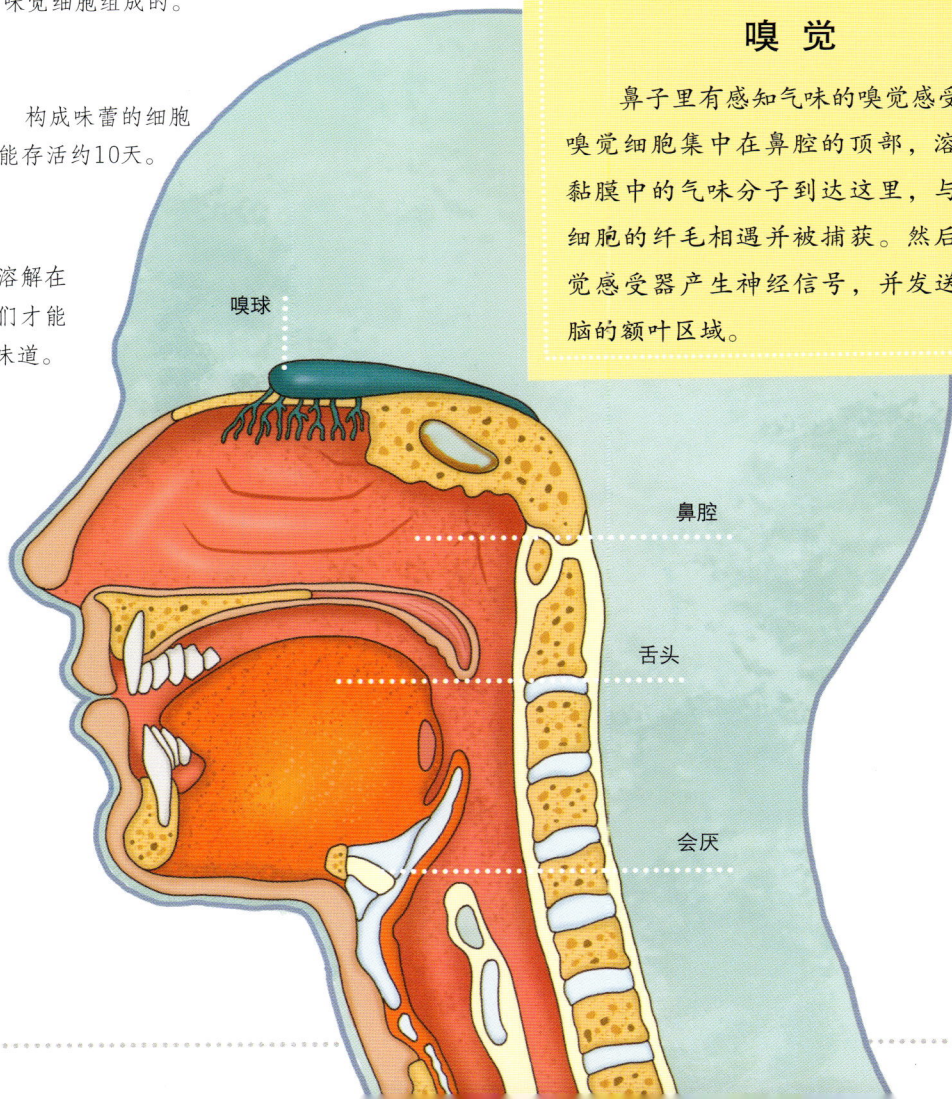

嗅球

鼻腔

舌头

会厌

植物

树木的年龄可以通过计算树干的年轮来确定。

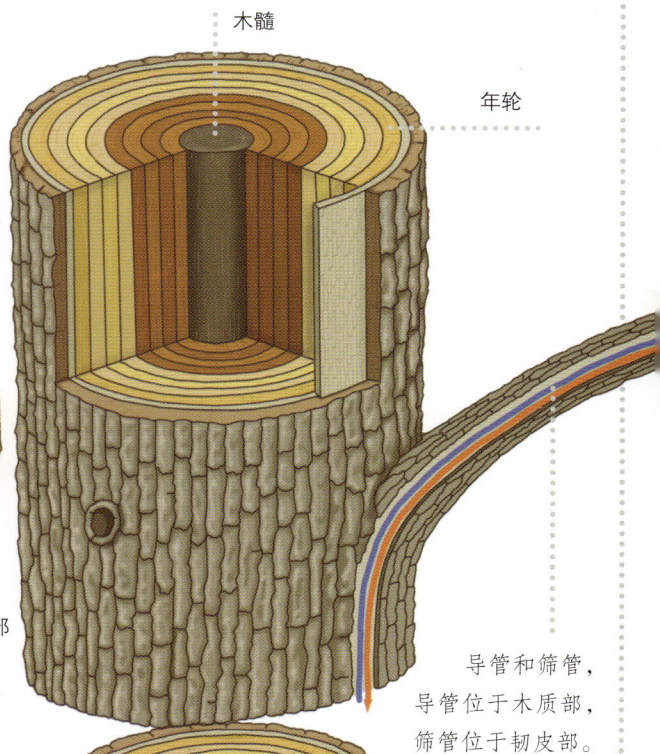

　　植物是由一个或多个细胞组成的有机体，这些细胞能够进行光合作用，产生能够滋养植物自身的物质。最原始的植物是菌类和藻类，它们生活在海洋中，后来绿藻摆脱海洋的束缚，登陆大地，进化成蕨类植物。2.4亿年前的三叠纪时代，生物大灭绝，大部分古生代植物都灭绝了。之后裸子植物兴起，形成了茂密的森林。距今1.4亿年前的白垩纪时代，被子植物从裸子植物中分化出来。植物共有六大器官：根、茎、叶、花、果实和种子。茎支撑着其地上的部分，根将植物固定在泥土里，叶进行叶绿素合成。

木髓

年轮

茎

　　植物的茎大小不一，是根和叶之间起输导和支撑作用的重要器官。木本植物的茎由外而内一般可分为表皮、韧皮部、形成层、木质部和髓。其中表皮和韧皮部合称树皮。

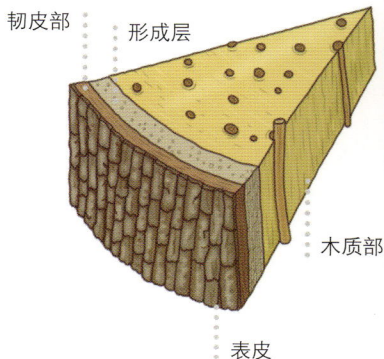

韧皮部

形成层

木质部

表皮

导管和筛管，导管位于木质部，筛管位于韧皮部。

茎对营养物质的运输

　　植物的茎运输营养有两条通道：一种是把叶的光合作用制造的有机物，通过韧皮部的筛管从上往下运输；一种是根系从土壤吸收的水分和无机盐，通过木质部的导管从下往上运输。

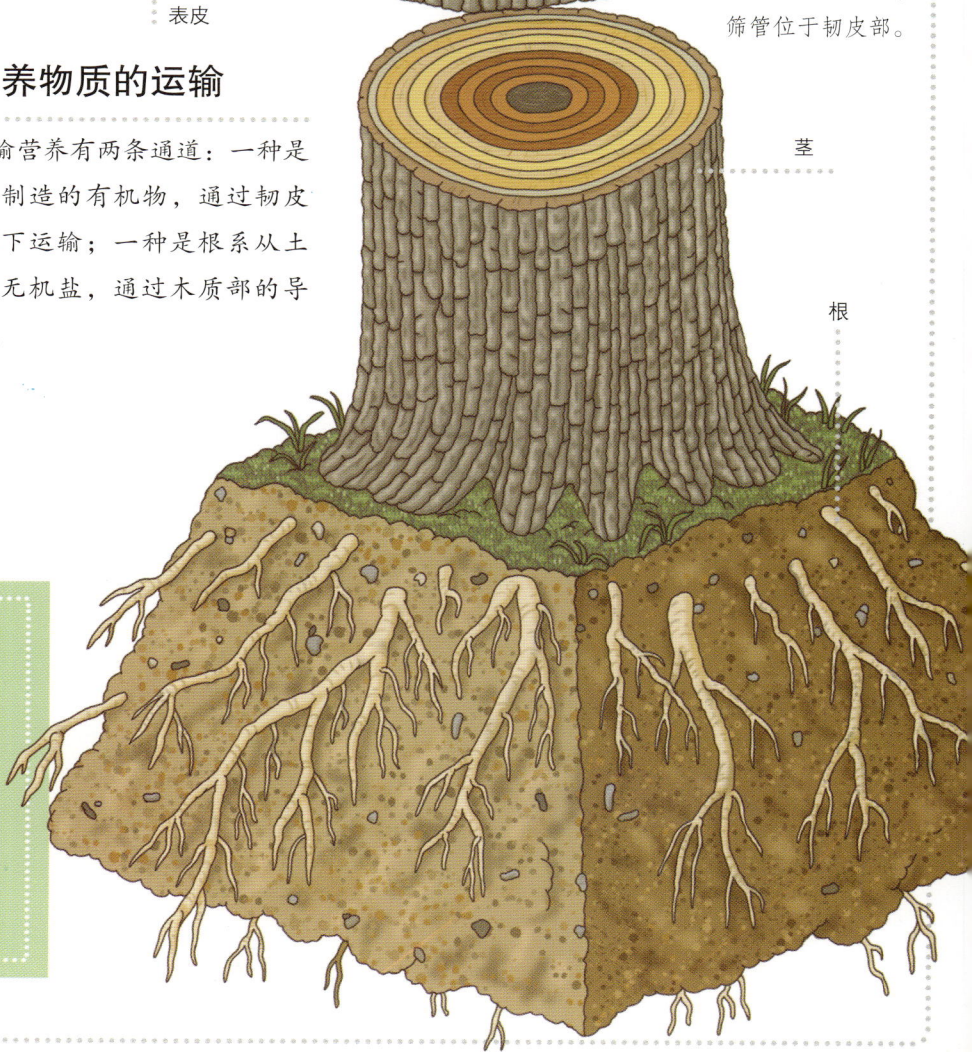

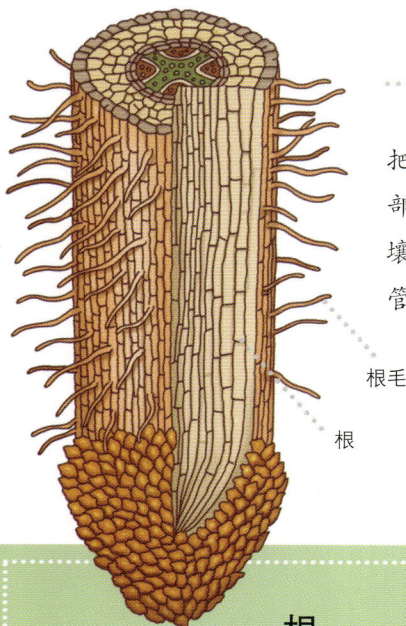

茎

根

根毛

根

根

　　一株植物所有的根合在一起，叫作根系。植物的根系十分发达，生长的范围比枝叶大，能够把植物牢牢地固定在地上。植物的根除了固定功能外，还有吸收功能，土壤中的水分和无机盐是通过根吸收进入植物体的。

叶子的功能

植物的叶一般由叶片与叶柄组成，叶片上有叶脉。叶片通过光合作用制造出植物生长必需的有机物，并通过蒸腾作用促进根从土壤中吸收水分。

叶片呈现绿色，是因为叶片中含丰富的叶绿素。叶绿素是植物进行光合作用的主要色素。

导管和筛管
（维管束）

叶片

叶柄

叶片通过叶柄与枝条相连。枝条中含有维管束，来自根部的水分、无机盐和光合作用产生的有机物通过维管束进行输送。

上表皮

叶脉

叶片下表面有气孔，有利于叶子中水分的蒸发。

叶片的结构

叶片的结构包括表皮、叶肉和叶脉三部分。表皮分为上表皮和下表皮；叶肉分为栅栏组织和海绵组织，里面有叶绿体和叶脉；叶脉，也叫维管束，里面有导管和筛管。

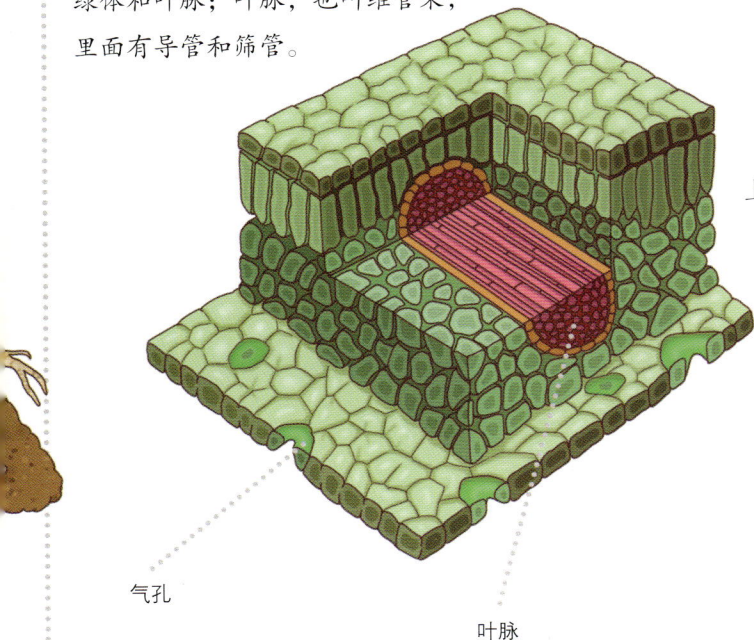

气孔

叶脉

叶子的表皮分为上表皮和下表皮。

叶子的表皮

叶绿体

叶片中含有大量的叶绿体，叶绿体是植物进行光合作用的场所。当叶绿体接收到阳光时，会将从土壤中吸收的水、无机盐与空气中吸收的二氧化碳结合起来，进行光合作用。光合作用产生的有机物供植株自身生长，同时释放出氧气，供我们呼吸。

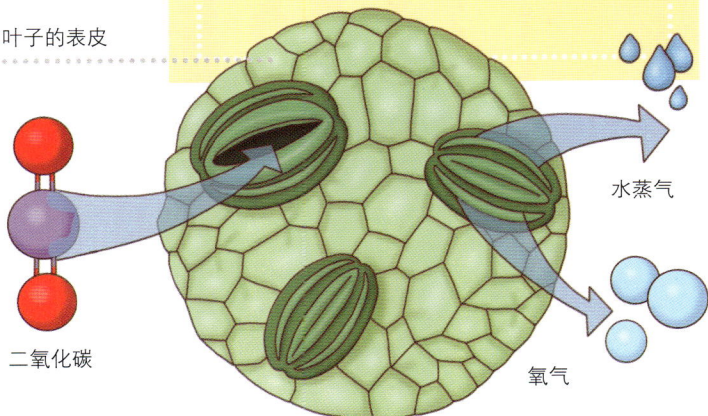

二氧化碳

水蒸气

氧气

种子

种子的主要功能是繁殖，其繁殖方式多种多样：有些豆科植物在果实成熟后会爆裂开来，将种子射到四周，伺机繁殖；有些果实很轻，会被风带到遥远的地方进行繁殖；有些果实表面带有毛刺，当动物经过，会粘在皮毛上带到远方传播；有些果实被动物吃掉，种子被排出体外，也会生根发芽。

枫树种子

蒲公英种子

种子的结构

不同的种子形态各异，但都有种皮和胚。种皮具有保护作用。胚由胚芽、胚轴、胚根和子叶组成。有的种子除了种皮和胚，还有胚乳。无胚乳的种子，子叶特别肥厚，营养物质主要储存在子叶里；有胚乳的种子，子叶不发达，营养物质主要储存在胚乳里。

喷瓜

山毛榉种子

种子萌发

一旦满足了必要条件，种子变成新植株的漫长过程就开始了。必须有充足的水分、适宜的温度和充足的空气，种子才能萌发。

幼嫩的胚根突破种皮并伸入土壤。

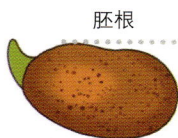

胚根

种子

花

豆荚

生长阶段

根

胚轴发育成连接茎和根的部分。

当胚芽发育成幼叶，子叶就准备脱落。

茎变直，成株的新叶出现，然后植物便会开花。

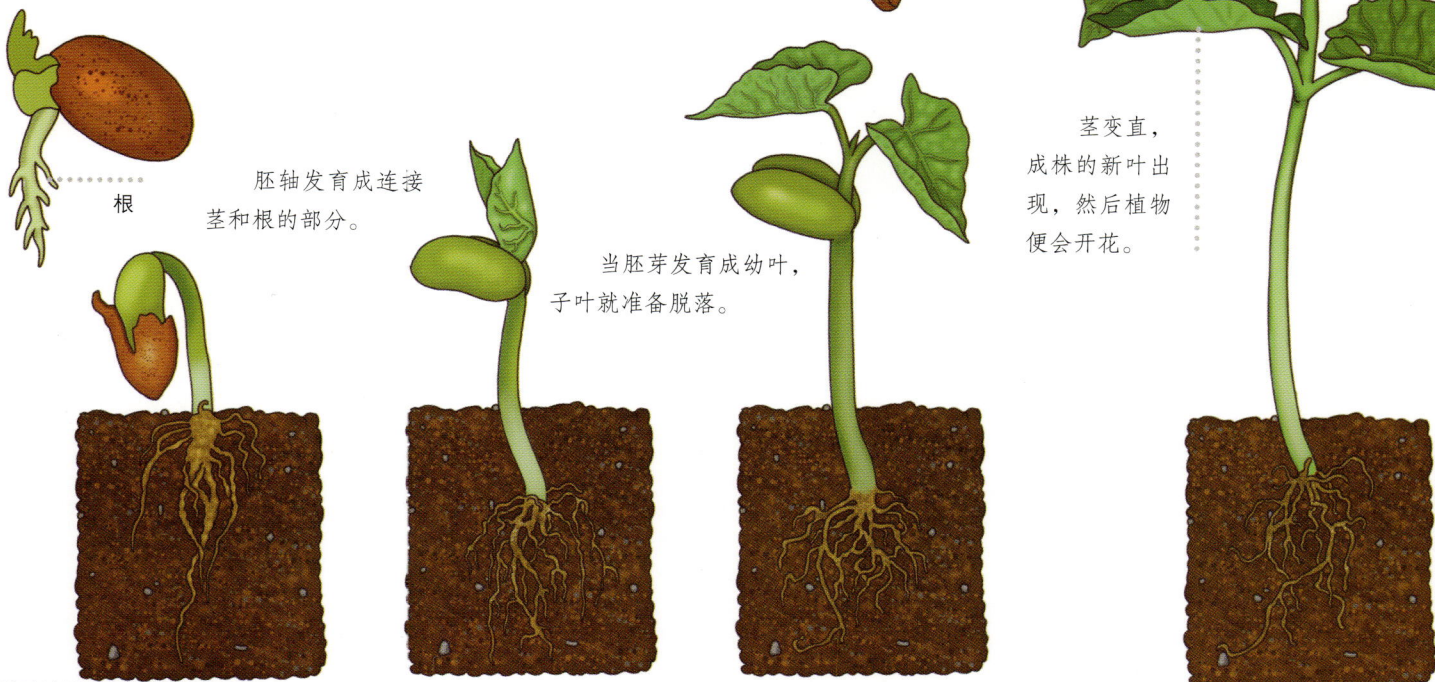

花

一朵完整的花由花柄、花托、花被（花萼和花冠）、花蕊（雄蕊和雌蕊）四部分组成。

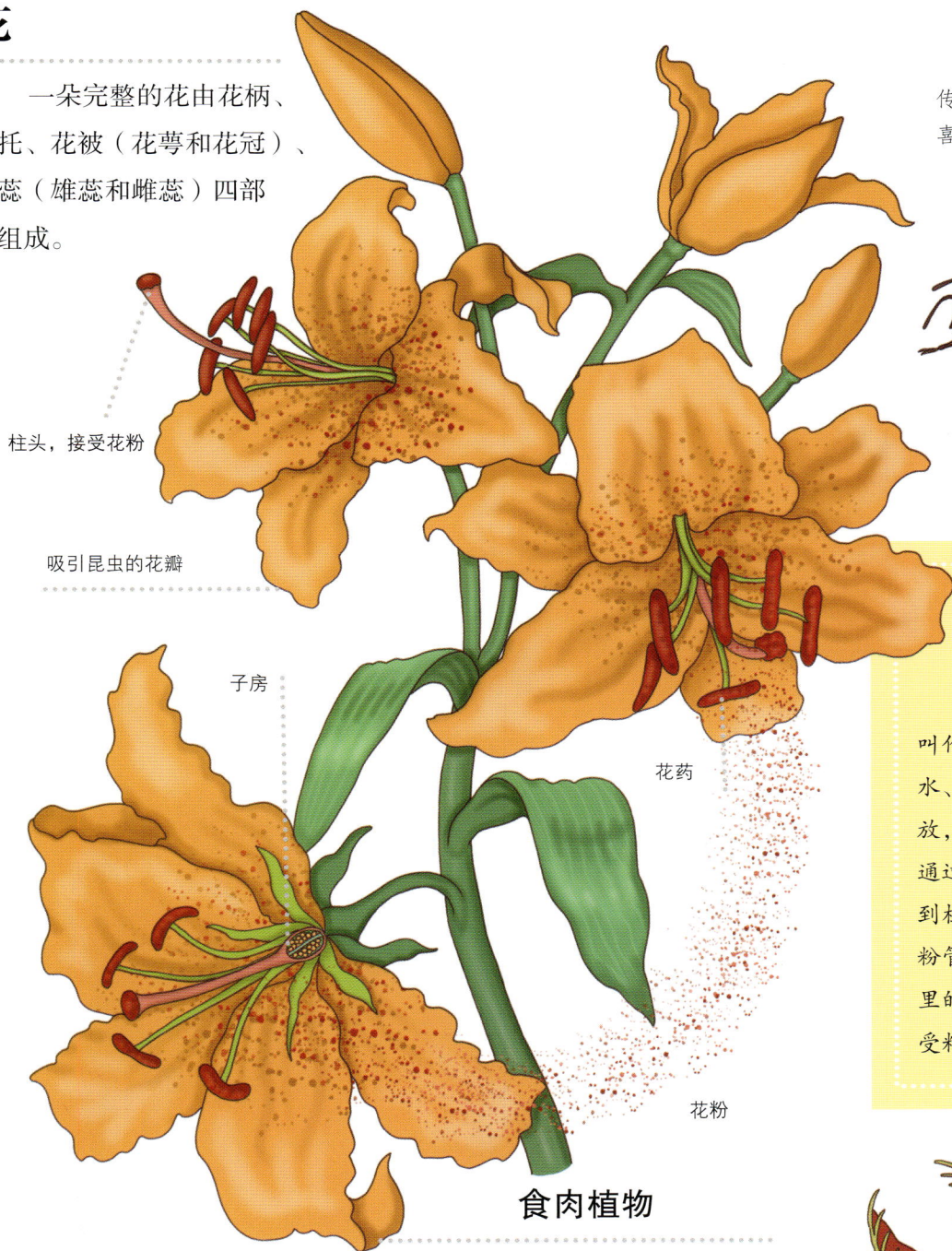

芬芳鲜艳的花朵吸引着昆虫和鸟类来传粉。昆虫喜欢气味更香的花朵，鸟类则喜欢更大、颜色更红的花朵。

柱头，接受花粉

吸引昆虫的花瓣

子房

蜜蜂

花药

花粉

授粉

当雄蕊的花粉传到雌蕊的柱头上，叫作授粉。这个传播过程主要通过风、水、昆虫和鸟类来实现。雄蕊的花药开放，并释放出花粉。如果其中一粒花粉通过风的传播，落上雌蕊的柱头上，受到柱头黏液的刺激，萌发出花粉管。花粉管沿着花柱向子房生长，最终花粉管里的精子与胚珠里的卵细胞结合，形成受精卵，种子的胚就形成了。

食肉植物

食肉植物主要捕食小昆虫和其他小型节肢动物。

大王花

食肉植物是一种通过捕获并消化动物而获得营养的自养型植物，主要生长在土壤贫瘠的地方。食肉植物本身是无法移动的，所以它们将自己的叶或花变得千奇百怪，巧妙地设下各种"陷阱"。有的食肉植物的叶片会自动收拢，将猎物包夹于其中；有的食肉植物的叶子上长满了腺毛，能够分泌出黏液来捕捉猎物。

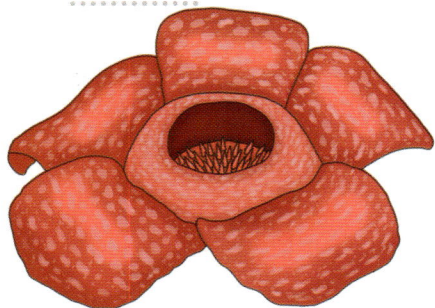

大王花直径可达1米，重达8千克。

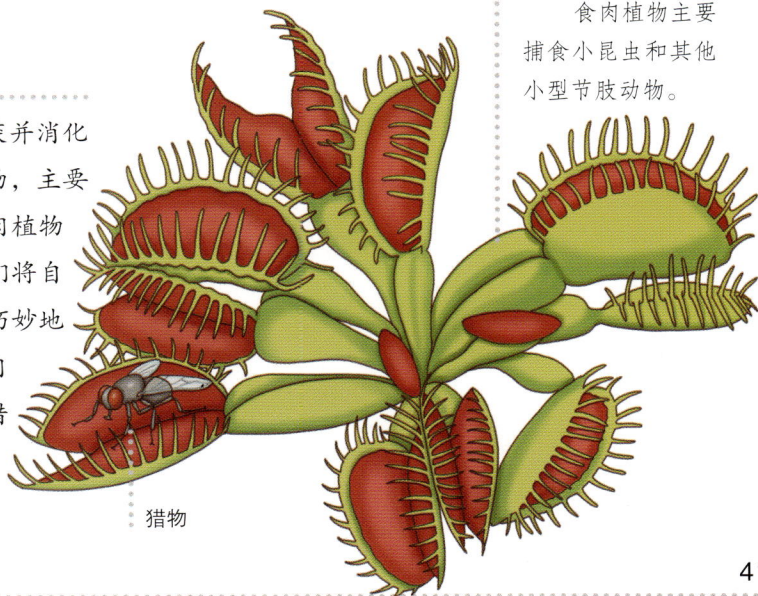

猎物

鸟类

　　鸟类属于卵生脊椎动物，其体表覆盖羽毛，有一对翅膀，有喙无齿。通过解剖学和古生物学，人们发现，鸟类起源于爬行动物，证据是始祖鸟化石。始祖鸟生活在侏罗纪晚期，虽然没有喙，但有翅膀，身上覆盖着羽毛。

骨骼

　　鸟类有轻巧的身体结构。为了便于飞行，它们的骨骼轻而薄，长骨中空，腔内充满空气，并且骨腔内有气囊与肺相连。这种特性是其他物种所没有的。

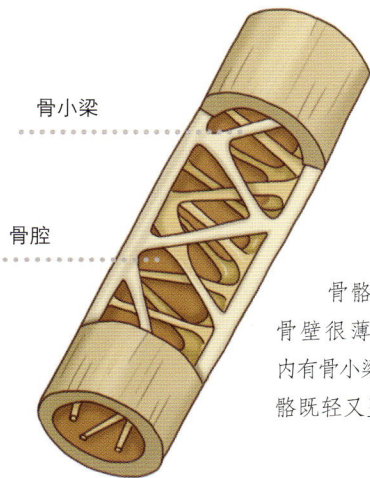

骨小梁

骨腔

骨骼中空，骨壁很薄，骨腔内有骨小梁，使骨骼既轻又坚固。

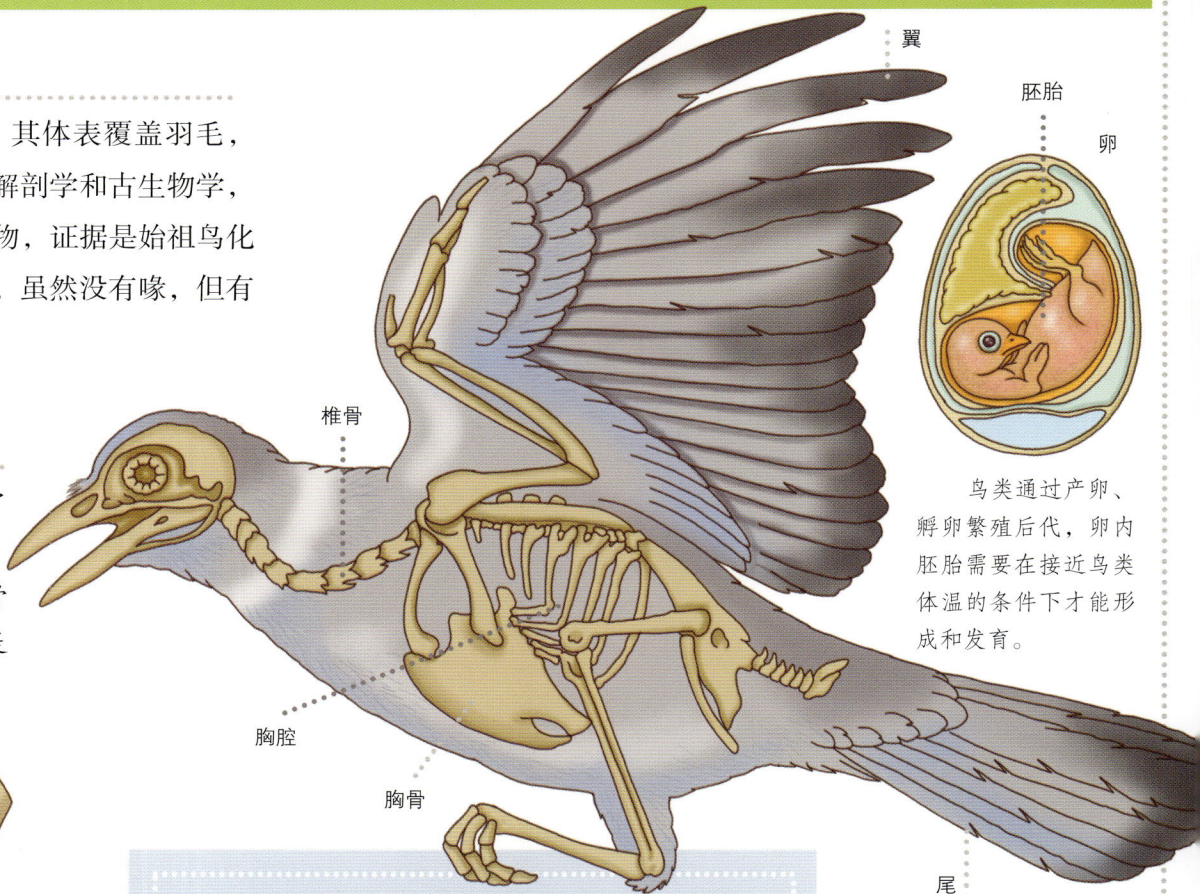

翼
胚胎
卵
椎骨
胸腔
胸骨
尾

鸟类通过产卵、孵卵繁殖后代，卵内胚胎需要在接近鸟类体温的条件下才能形成和发育。

羽毛

　　鸟类的羽毛是表皮细胞衍生的角质化产物，分为正羽、绒羽和纤羽三种类型，正羽是覆盖在体外的大型羽毛，主要用于飞行。正羽由羽轴和羽片构成。羽轴后端为羽根，深植于皮肤中。羽轴两侧斜生许多并行的羽枝，各羽枝两侧又生出排列整齐的羽小枝。羽小枝的尖端有钩突，勾连邻近的羽小枝，组成扁平而有弹性的羽片。

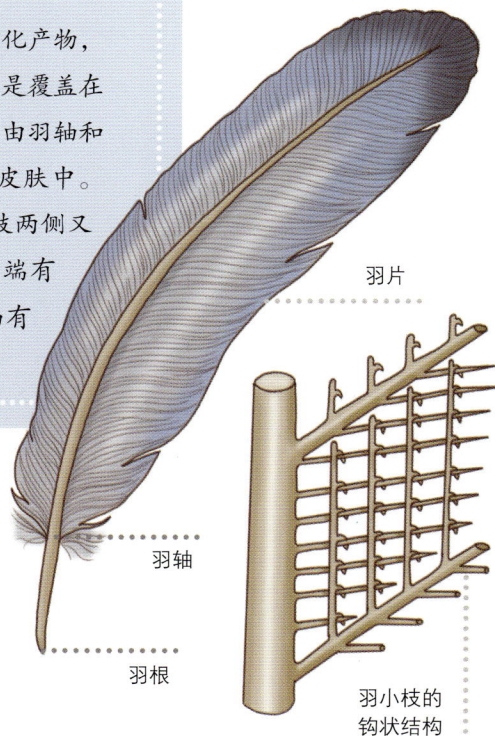

羽片
羽轴
羽根
羽小枝的钩状结构

不会飞翔的鸟类——企鹅

　　企鹅是最古老的游禽，不会飞翔。企鹅的翅膀像鱼鳍，脚趾间有蹼，所以它们善于游泳。它们一年中大部分时间都生活在海洋中，繁衍后代时会到陆地上来。

绒羽位于正羽下面，羽轴短，顶部簇生细丝状羽枝。羽小枝上无钩，不能连成羽片。

织巢鸟

雄性织巢鸟通常会选择一棵大树，在树枝上挂上植物交织条，先织成一个悬垂的圆环，接着织圆环的一边，然后织另一边，最终织成一个完整的巢。如果巢坚固，它们将会得到雌性织巢鸟的青睐。

织巢

翠鸟

翠鸟是一种色彩鲜艳的小鸟，分布于亚洲、欧洲和非洲，生活在靠近水域的地方，食物以鱼类为主，兼吃甲壳类和多种水生昆虫。

翠鸟通常沿着河岸筑巢。雌鸟和雄鸟会共同建造一条超过1米的隧道，作为孵化室。

金刚鹦鹉用喙作为爬树的辅助工具。

多种巢型

鸟类筑巢主要是为了产卵、孵卵和育雏。鸟类筑巢一般就地取材，最常用的巢材有树枝、树叶、草茎、纤维、羽毛、泥土、苔藓等。鸟巢的大小形状各异，主要分为碗状巢、杯状巢、球状巢、袋状巢等。

鹦鹉

生活在热带森林中的许多鹦鹉都有艳丽的羽毛，热带森林里有色彩鲜艳的花朵和水果，这使得它们完美地与周围环境相融合。金刚鹦鹉是体型最大的鹦鹉，体长近1米。

猫头鹰

猫头鹰是一种夜行性鸟类，会悄无声息地飞行。这种小型猛禽通常在夜间捕猎。它们的猎物是爬行动物、两栖动物、鸟类和小型哺乳动物，也捕食昆虫。猫头鹰广泛分布于各种栖息地，包括海拔1000米的地方。

夜行性猛禽瞳孔很大，便于它们在黑暗中发现猎物。它们特殊的颈椎结构，可以使颈部旋转270°，使其看到身后的东西。

鱼类

鱼类共有3万多种，是脊椎动物中数量最多的。鱼的出现可以追溯到4.7亿年前，在这段漫长的时间里，它们几乎适应了所有的水生环境。

鳔

胆囊

大脑

心脏

肝脏

胃

肠

卵巢

骨 骼

鱼类的骨骼分为外骨骼和内骨骼，外骨骼包括鳞甲、鳍条和棘刺等，内骨骼包括头骨、脊柱和附肢骨骼等。鲨鱼的内骨骼完全由软骨组成，外骨骼不发达或退化。

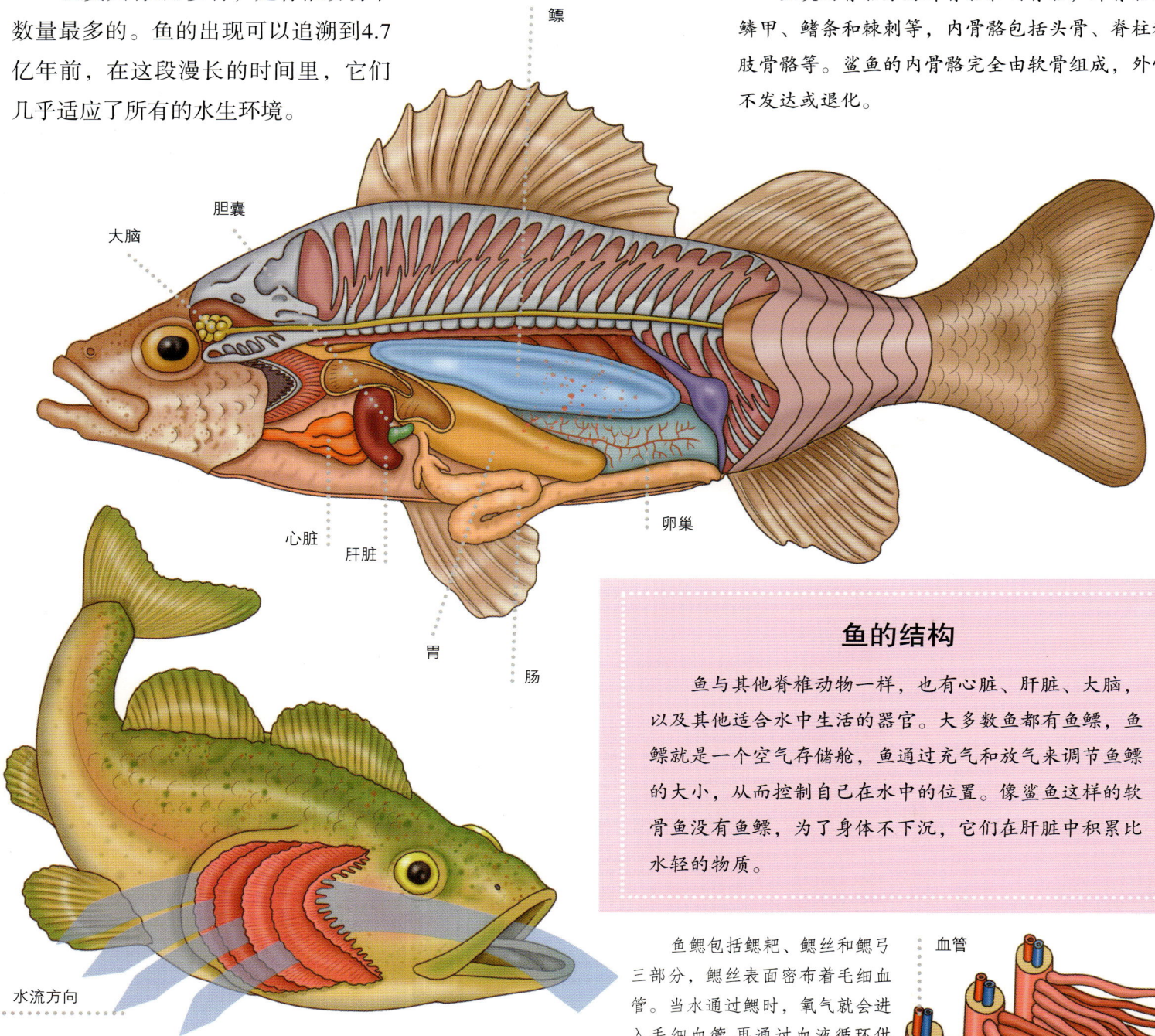

鱼的结构

鱼与其他脊椎动物一样，也有心脏、肝脏、大脑，以及其他适合水中生活的器官。大多数鱼都有鱼鳔，鱼鳔就是一个空气存储舱，鱼通过充气和放气来调节鱼鳔的大小，从而控制自己在水中的位置。像鲨鱼这样的软骨鱼没有鱼鳔，为了身体不下沉，它们在肝脏中积累比水轻的物质。

鱼鳃包括鳃耙、鳃丝和鳃弓三部分，鳃丝表面密布着毛细血管。当水通过鳃时，氧气就会进入毛细血管，再通过血液循环供给身体需要。

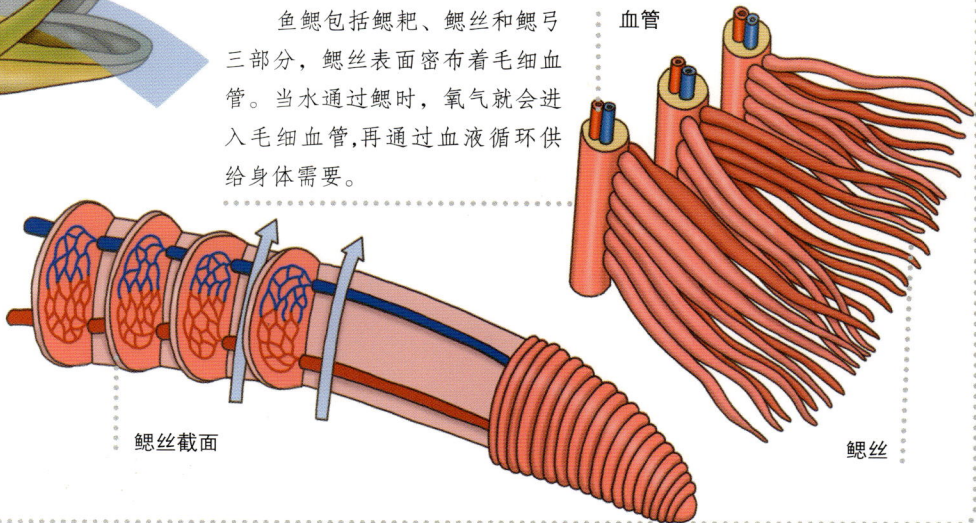

血管

呼 吸

鱼类和其他动物一样，也需要从外界吸入氧气，排出二氧化碳。为了在水中进行气体交换，它们用位于咽部两侧的鳃将从口中吸入的水排出。

水流方向

鳃丝截面

鳃丝

生物学上把雌鮟鱇头顶上的发光器称为拟饵。

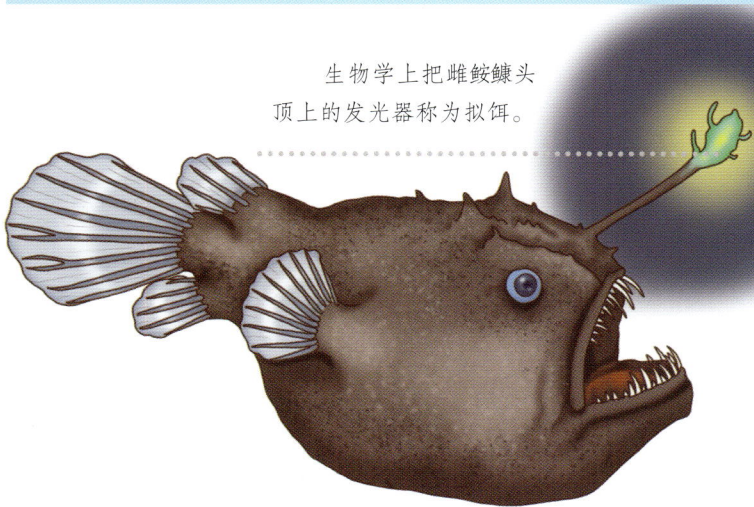

鮟鱇

200—1000米的深海中，既寒冷又黑暗。在这种情况下，一些鱼类会借助发光细胞在黑暗中发光，比如雌鮟鱇的头顶上长着一个发光器，发光器中有发光细胞，可发出幽幽的微光。深海中有很多鱼都有趋光性，于是发光器就成了雌鮟鱇引诱猎物的利器。

金枪鱼

金枪鱼是游泳健将，身体非常健壮。它们的背鳍是可以伸缩的。游泳时，背鳍会缩回皮肤褶皱之间以减少摩擦。通过这种方式，金枪鱼能够以最小的尾部推力进行高速远游。

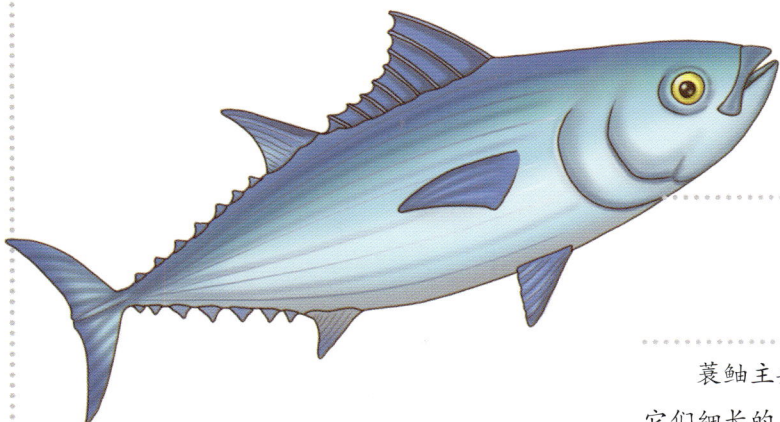

金枪鱼体力非常强大，一个月可以畅游5000千米。

鲸鲨

鲸鲨是现存最大的鱼类，体长可达20米。虽然是食肉动物，但它们只吃浮游生物和小型鱼类。鲸鲨有很大的嘴巴，张开可达1米，里面有300多排小牙齿。鲸鲨的鳃耙可以非常准确地过滤掉不需要的东西，从而留住浮游生物和小鱼。

蓑鲉

蓑鲉主要生活在珊瑚礁深处。它们细长的、色彩鲜艳的鳍上隐藏着充满毒素的棘，这些鳍棘在危险的情况下会竖立起来，很少有捕食者敢靠近。

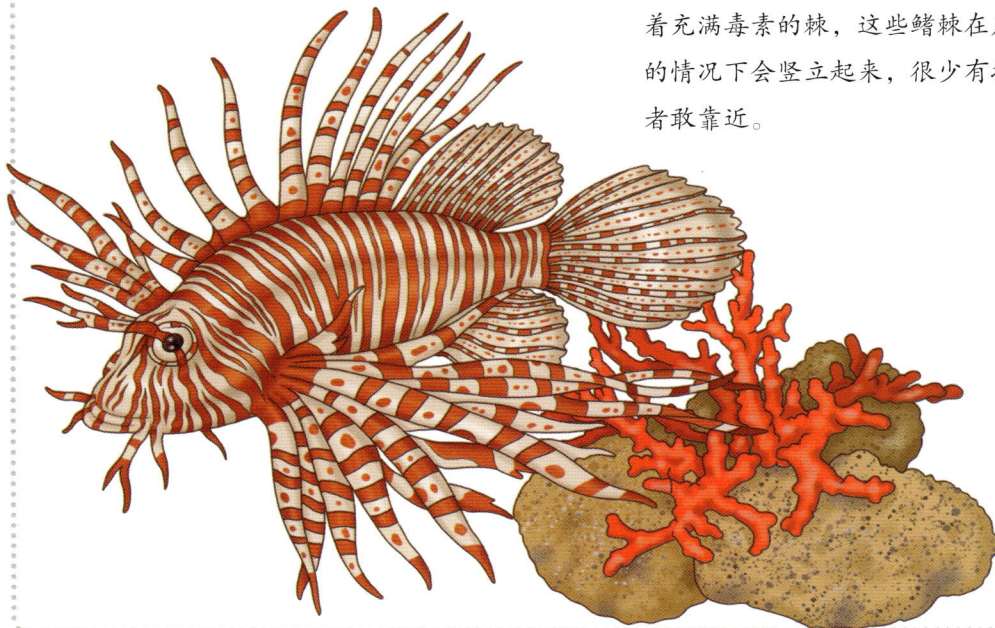

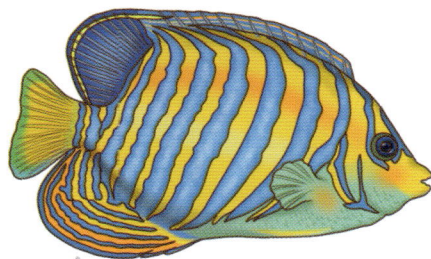

无论是生活在海洋里、珊瑚礁中，还是河流中的鱼，鲜艳的外表能很好地帮助它们进行伪装或使其更具威胁性。

45

两栖动物

两栖动物是最早适应陆地生活的动物。它们的进化可以追溯到大约3.5亿年前，当时一些长着腿状鳍的鱼冒险来到了陆地上。这一纲的成员可分为三个目：无足目（蚯蚓类）、无尾目（蛙类和蟾蜍类）、有尾目（蝾螈类）。

两栖动物的特征

两栖动物与其他脊椎动物相比，骨骼更简单，骨头也更少。它们是冷血动物，体温取决于周围环境的温度。两栖动物通过皮肤呼吸，皮肤光滑，没有毛发和鳞片。许多两栖动物还长了肺。它们的心脏有两个心房，只有一个心室，血液在一个完整的循环中流过心脏两次。

蟾蜍和青蛙的生命周期

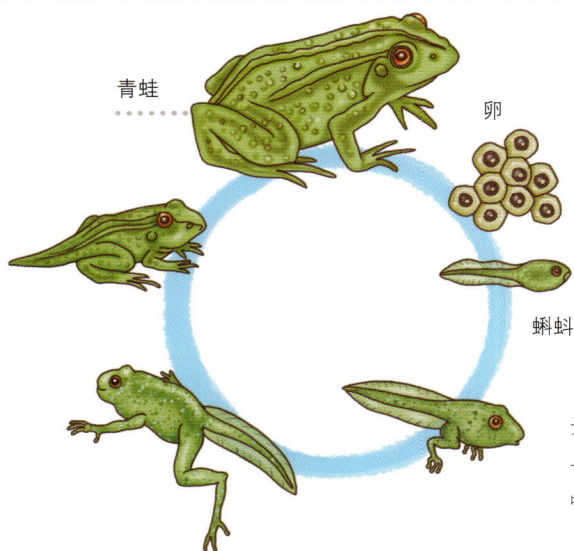

青蛙

卵

蝌蚪

青蛙在水里产下卵，然后变成了蝌蚪。蝌蚪形似小鱼，有鳃和尾巴，没有腿。

在接下来的几个月里，蝌蚪开始发育，先是长出后肢，然后长出前肢，原来的鳃变成了适合呼吸空气的肺。

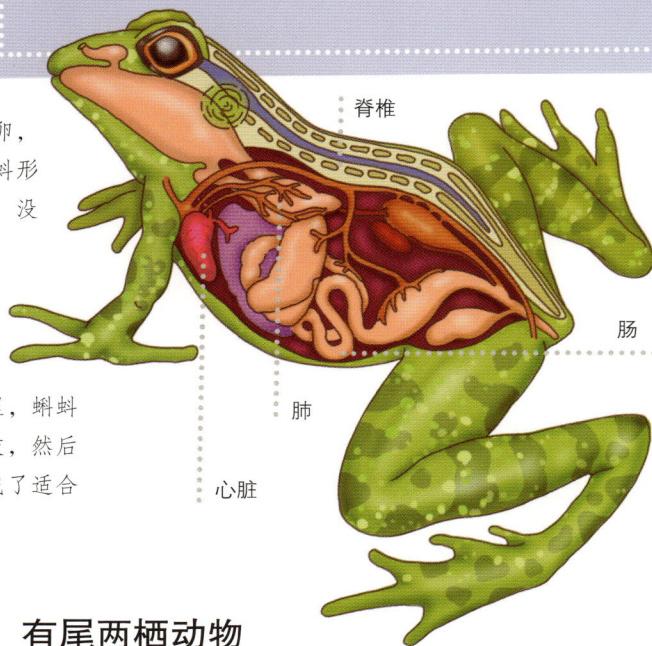

脊椎

肠

肺

心脏

两栖动物的生命周期分为两个阶段，第一个阶段在水中进行，第二个阶段在陆地上进行。它们的蜕变是由控制这些动物生物周期的特殊激素调节的。

有尾两栖动物

蝾螈、火蝾螈和鳗螈都是长着尾巴的两栖动物，它们都在水中繁殖。不同种类的有尾两栖动物的栖息环境并不相同。有的生活在陆地的潮湿地带，有的一生生活在水中，有的尽管没有肺却生活在植被中。

鲜艳的肤色

彩色青蛙

火蝾螈通过皮肤呼吸。皮肤内有特殊的腺体，能使其保持湿润。

蝾螈将卵产在水草上。

一些蛙类和蝾螈的肤色很鲜艳，借此向捕食者发出皮肤有毒的信号。在大多数情况下，这种毒并不致命，只会引起轻微的干扰，但鲜艳的肤色对捕食者是一种有效的威慑。

鳗螈是一种特殊的两栖动物，既有肺又有鳃。

作为两栖动物的后代，爬行动物的皮肤比它们的祖先更坚硬、更有弹性。

爬行动物

最早的爬行动物出现在3亿年前。它们是真正适应陆栖生活的变温脊椎动物。因为它们的卵被包裹在防水的外壳中，所以它们不必回到水里繁殖。

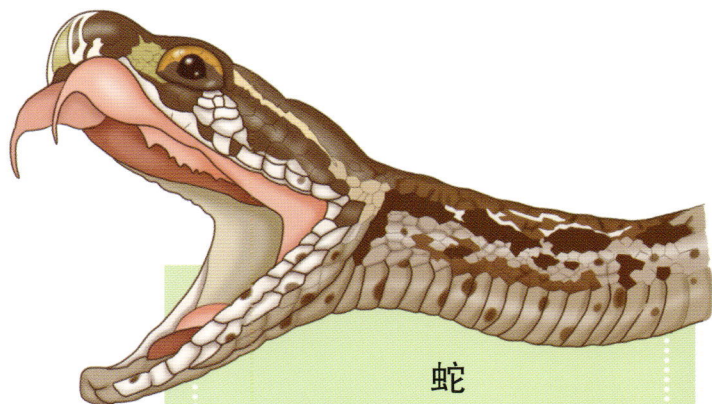

许多种类的变色龙能够改变肤色，这与它们的情绪有关：兴奋时，呈现黄橙色；放松时，就会变回平常的绿色。

龟

龟鳖目俗称龟，是一种身体紧凑、盔甲坚固的爬行动物。龟的背部有背甲，腹部有腹甲，可以保护自己免受天敌的侵害。脊椎融合在背甲上，连为一体。龟按栖息地划分，一般可分为陆龟、淡水龟、海龟。

世界上现存的龟鳖目，可分为曲颈龟亚目和侧颈龟亚目。

蛇

蛇可能是由陆生蜥蜴进化而来的，可追溯到白垩纪的化石，化石显示当时的蛇是有脚的。目前已知的蛇有3000多种，身长从几厘米到十几米不等。有的蛇是有毒的，它们通常用毒牙咬伤猎物，使其死亡；蟒蛇则用身体将猎物缠绕起来，用力挤压直到猎物窒息，然后将其整个吞下。

现存爬行动物分为四目：有鳞目（蛇亚目和蜥蜴亚目）、鳄目、龟鳖目和喙头目（喙头蜥是唯一的代表性动物）。

鳄鱼和短吻鳄

鳄鱼是世界上最大最危险的爬行动物之一。生活在印度-太平洋地区的湾鳄，身长可达7米，可以游入大海。鳄鱼的主要栖息地是位于赤道地带的沼泽地和河流、湖泊的近岸处。鳄鱼靠伏击接近水面喝水的动物为生。短吻鳄的口更宽，可以捕食更大的猎物。和其他的鳄鱼一样，短吻鳄的咬合力非常强。

47

哺乳动物

哺乳动物是最高等的脊椎动物，种类繁多，广泛分布于各种自然栖息地。哺乳动物的共同特征：由母体分泌乳汁哺育幼崽，除单孔目动物（如鸭嘴兽）外都是胎生，体温基本恒定，除了某些情况外，一般体表有毛。

大带齿兽

除了母乳喂养，幼崽在很长一段时间里需要接受母体的照顾，直到成年。

早期的哺乳动物

原始哺乳动物的出现可以追溯到侏罗纪早期。1亿多年来，大带齿兽都是非常小的哺乳动物，有夜间活动的习惯。大约6500万年后，伴随恐龙的灭绝，大带齿兽的后代逐渐进化成了今天的哺乳动物。

作为恒温动物，哺乳动物比相同体重的变温动物需要更多食物。

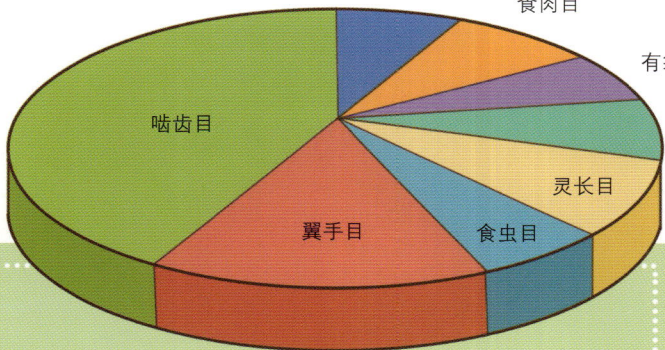

偶蹄目和奇偶目

食肉目

有袋目

其他

灵长目

啮齿目

翼手目

食虫目

哺乳纲

哺乳纲分为19目，汇集了近5000个物种，其中大部分属于啮齿目和翼手目。根据繁殖方式，哺乳动物又被分为三类：单孔目哺乳动物，雌性产卵，孵出幼崽；有袋类哺乳动物，幼崽出生时不成熟，需要在母体的育儿袋里完成生长发育；有胎盘类哺乳动物，幼崽通过母体体内的胎盘吸收营养，以更高级的发育状态出生。

松鼠

啮齿目

啮齿目种类繁多，遍布各个栖息地和大陆。它们通常体型较小，有适合咀嚼的下颚和非常发达的不断生长的切牙，繁殖能力很强。

鸭嘴兽

卵生哺乳动物

卵生哺乳动物，被称为单孔目动物，目前共有五种，是真正的稀有物种。它们是生活在澳大利亚淡水中的鸭嘴兽，以及在澳大利亚和新几内亚发现的四种针鼹。这些哺乳动物的雌性产卵，将卵孵化后，用乳汁喂养新生幼崽。

会飞的哺乳动物

蝙蝠是唯一能长距离飞行的哺乳动物。蝙蝠的前肢特化成翼，在身体的侧面、后肢以及尾之间连成一个薄而柔韧的翼膜，蝙蝠借助翼膜实现飞行。蝙蝠的主要栖息地是热带和温带森林，只有少数生活在人类居住区附近。

如果天气过于炎热和干燥，雌袋鼠就不会生产，以免给新生幼崽带来过多的危险。

袋鼠

蝙蝠

大多数蝙蝠在夜间飞行。它们通过自身发出的超声波定位猎物和躲避障碍物，以便在黑暗中捕食和飞行。

有袋类哺乳动物

澳大利亚大陆脱离其他大陆时，这里还没有任何有胎盘类哺乳动物，大量的空间被有袋类哺乳动物占据了，它们演化成了各种各样的物种。在其他大陆，有袋类动物没有得到同样的进化，在许多地区甚至已经完全灭绝。目前，世界上绝大多数有袋类哺乳动物都生活在澳大利亚大陆，包括袋鼠、沙袋鼠、毛鼻袋熊和考拉。

长须鲸

水生哺乳动物

在陆地上进化成四足动物后，一些哺乳动物又迁徙到了水里。渐渐地，它们的身体变成了流线型，前肢特化为鳍状，后肢退化，从而适应了在水中生活。由于绝大部分水生哺乳动物都生活在海洋中，人们通常也将水生哺乳动物称作海洋哺乳动物。海洋哺乳动物主要包括鲸目、海牛目和鳍脚目。

鲸类是地球上出现过的最大的动物之一。有些鲸类长度超过30米，重量超过190吨。

节肢动物

昆虫纲、甲壳纲、蛛形纲、多足纲动物都属于节肢动物。在动物界，节肢动物种类最多、数量最大、分布最广，其中超过100万种已经被记载和编目。

翅膀

头部

触角

复眼

股节

上唇

胸部

腹部

产卵器

胫节

昆虫的结构

昆虫种类繁多、形态各异，但是它们的身体结构有共同的特征：体表覆盖着几丁质的外骨骼，起到保护内脏、支撑身体的作用；身体分为头、胸、腹三部分；一般有2对翅，能飞行；通常有3对足，能爬行。有的昆虫的足特化成跳跃足，使它们能跳跃。

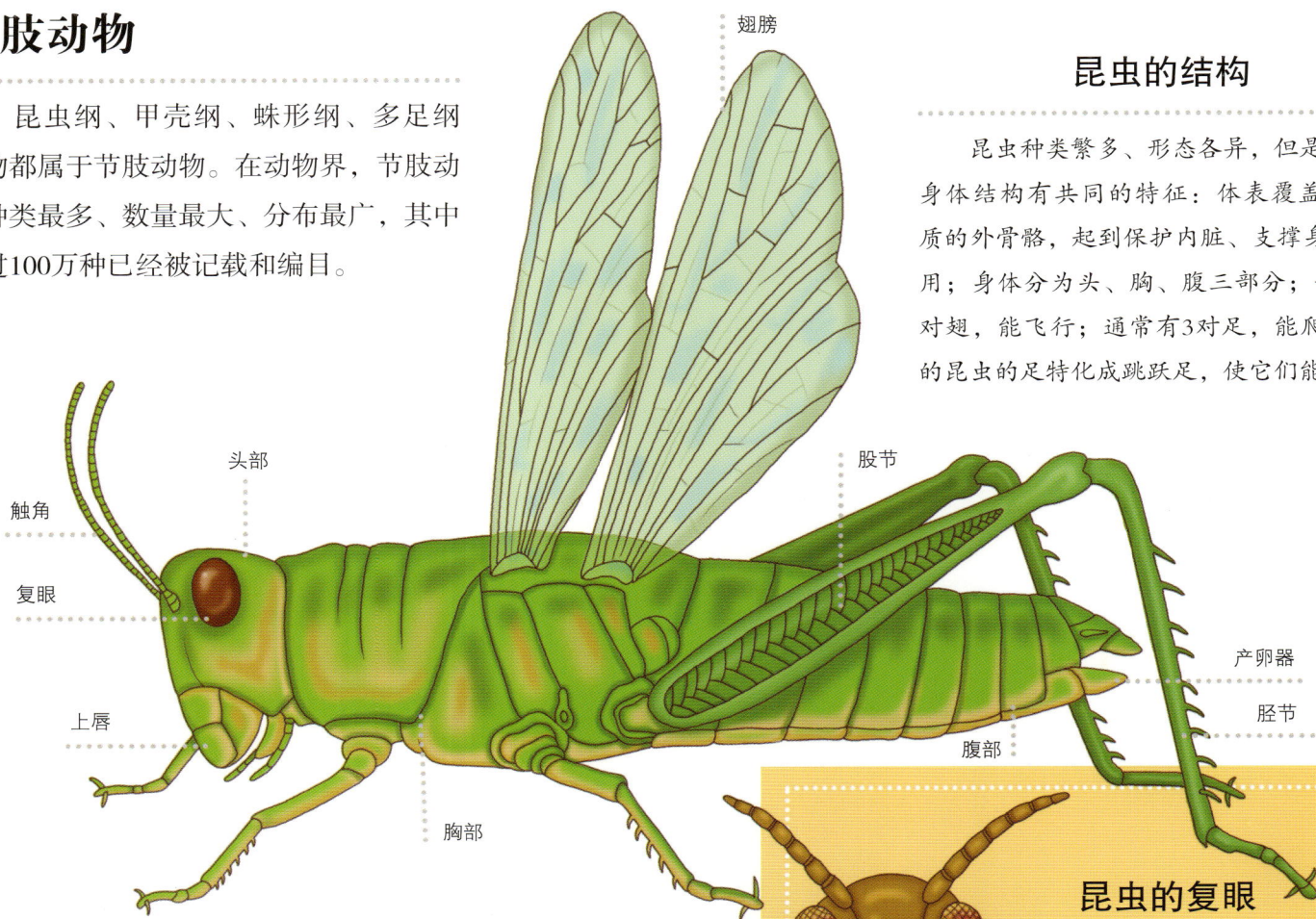

蛛形纲动物

蛛形纲动物的身体分为头胸部和腹部两部分，头胸部有6对附肢：1对螯肢、1对触肢和4对步足。螯肢通常用于防御或进食；触肢相当于感觉器官，某些物种的触肢可以在繁殖过程中起作用；步足主要用于行走。

昆虫的复眼

绝大多数昆虫头部都有单眼和复眼。单眼只能感觉光的强弱，不能成像。复眼由不定数量的小眼组成，每个小眼是一个独立的感光单位，可以形成一个像点，众多小眼形成的像点就拼合成一幅图像，所以复眼能成像。

蜘蛛的腹部有纺绩器，内连丝腺，所以蜘蛛能吐丝结网，这种网可以诱捕猎物。

蝴蝶的发育过程要经过卵、幼虫、蛹和成虫4个阶段，属于完全变态发育。

蛹

毛毛虫

从毛毛虫到蝴蝶

从幼虫过渡到成虫时的虫体形态叫蛹。处于蛹发育阶段时，虫体不吃不动，但体内会发生变化：幼虫结构解体，成虫结构形成。

总是饥饿的毛毛虫会一直进食，它们可以吃掉植物的任何部分。

蝴蝶

蝴蝶通过长而可伸展的虹吸式口器吸食花粉。

蝴蝶的蜕变

在蝴蝶的整个生命周期中，会经历4个不同的发育阶段。首先，雌蝶将卵产于宿主植物上。然后，卵孵化出叫作毛毛虫的幼虫，这些幼虫生长得非常快。当它们完全长大后，就会蜕变成蛹。等蛹成熟后，蝴蝶就会破壳而出。

蜻蜓

蜕变

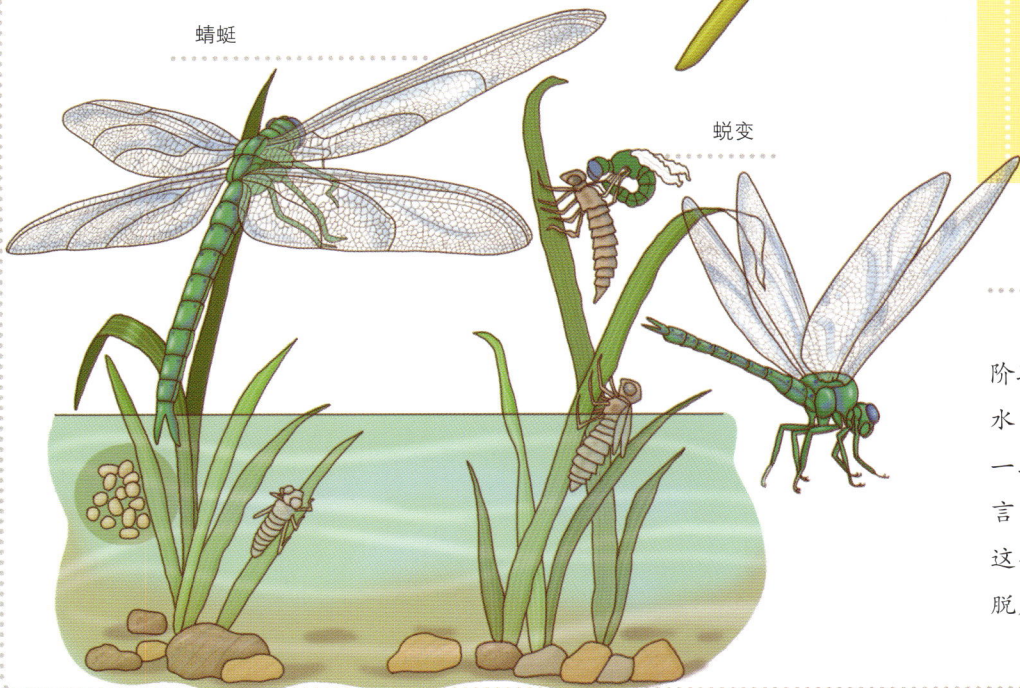

蜻蜓的蜕变

蜻蜓的发育过程只经过卵、幼虫和成虫3个阶段，属于不完全变态发育。雌蜻蜓通常直接在水中产卵。卵孵化出叫水虿的幼虫后，便开始了一段长时间的发育过程。对于蜻蜓目的昆虫而言，水虿的发育过程要经过几个月甚至几年。在这个过程中，水虿一直生活在水中，要进行多次脱皮，才能最终发育成熟，蜕变为成虫。

社会性昆虫

　　蜜蜂、某些黄蜂、所有的蚂蚁和白蚁都属于社会性昆虫。其中，蚂蚁的种类繁多，约有1万种。它们的外形、食性、巢穴类型各不相同，但它们的行为方式非常相似。跟其他社会性昆虫一样，蚂蚁是成群生活在一起的，成员分化为多个等级，各有不同的分工。

　　长翅膀的蚂蚁叫繁殖蚁。繁殖季节，雌、雄繁殖蚁会飞出巢穴，在天上追逐飞行，称为婚飞。婚飞后，雌繁殖蚁便会产卵。

繁殖蚁

工蚁

萤火虫

　　萤火虫发光的主要目的是求偶，当雄虫在飞行中一闪一闪发光时，有求偶意向的雌虫就会发出同节奏的光进行回应。

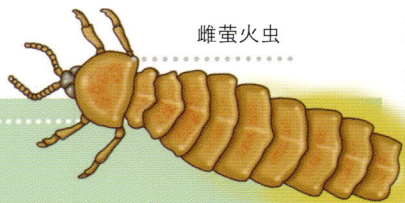

雄萤火虫　　　　　雌萤火虫

蚁 穴

　　蚂蚁会建造不同类型的巢穴：它们会借助中空的树干筑巢，或是借用树叶和其他植物筑巢，然而最常见的是在地下筑巢。地下巢穴的巢室一般分为几层，并通过通向外部的密集通道网相连接。每个巢室都有特定的用途：有蚁后产卵的房间，有储存幼虫和蛹的房间，还有储存食物的房间。

兵蚁

幼虫

蚁卵

蚁后

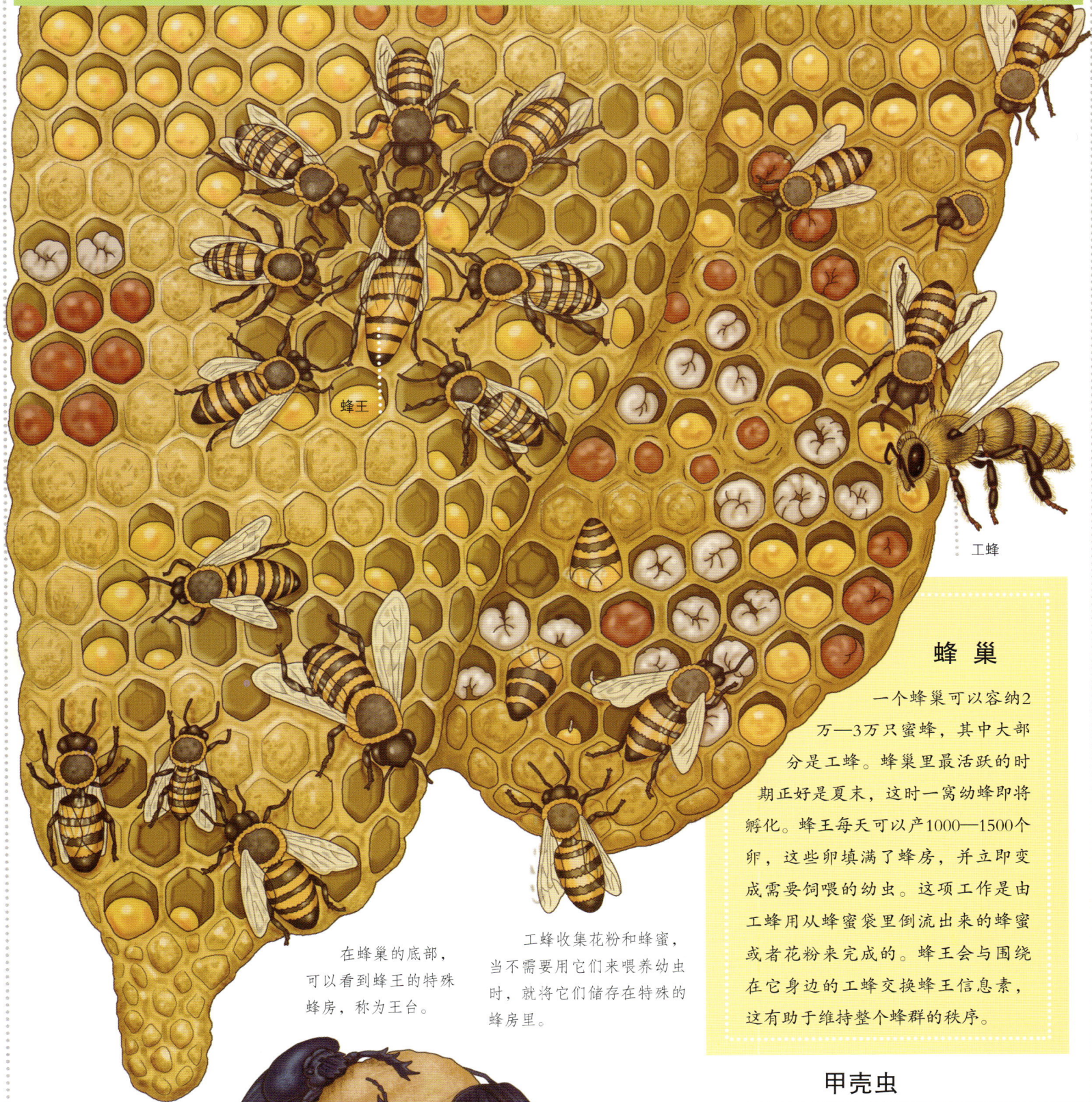

蜂王

工蜂

蜂巢

一个蜂巢可以容纳2万—3万只蜜蜂，其中大部分是工蜂。蜂巢里最活跃的时期正好是夏末，这时一窝幼蜂即将孵化。蜂王每天可以产1000—1500个卵，这些卵填满了蜂房，并立即变成需要饲喂的幼虫。这项工作是由工蜂用从蜂蜜袋里倒流出来的蜂蜜或者花粉来完成的。蜂王会与围绕在它身边的工蜂交换蜂王信息素，这有助于维持整个蜂群的秩序。

在蜂巢的底部，可以看到蜂王的特殊蜂房，称为王台。

工蜂收集花粉和蜂蜜，当不需要用它们来喂养幼虫时，就将它们储存在特殊的蜂房里。

甲壳虫

"金龟子"是某些甲壳虫的典型名字，其特征是身体具有特定的形状和颜色。通常最引人注目的是那些身披金属光泽的硬壳，有时还有大触角的雄虫。蜣螂以粪便为食，有把粪便制成球状的习性，它们用后腿推动粪粒，滚动形成粪球。

王台通常比其他蜂室要大，并且垂直地附着于蜂巢的底部。

53

自然奇观

在地球的任何地方，你都能找到无与伦比的美景。每一处景色都是地球经年累月缓慢进化过程的见证。正是大自然的力量，比如风和雨，才塑造出了这些杰作。

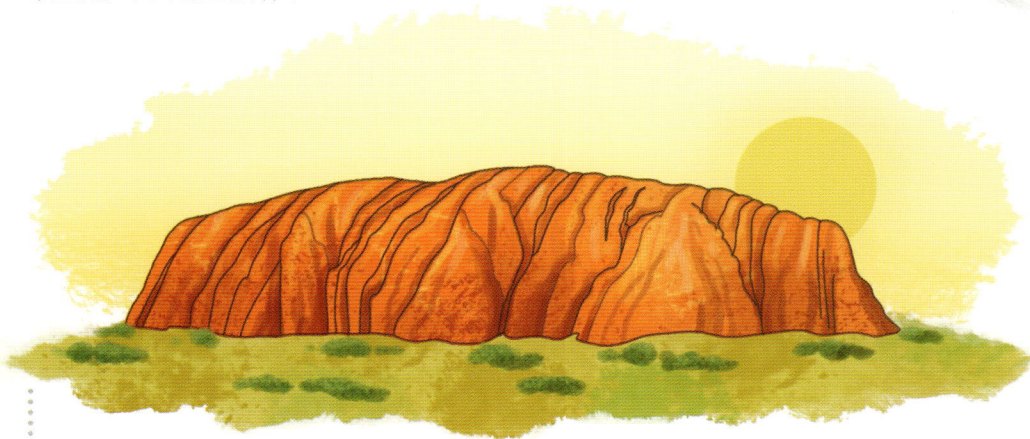

棉花堡

棉花堡位于土耳其西南部。如此可爱的名字，源自其外形像铺满棉花的城堡。所谓"棉花"，就是泉水从山顶往下流，所经之处历经千百年钙化沉淀，形成层层相叠的半圆形白色天然石灰岩阶梯，所以土耳其人叫它"棉花堡"。

艾尔斯岩

被称为"艾尔斯岩"的红色砂岩巨石耸立在澳大利亚北部地区的平原上，海拔340多米，在90多千米远的地方就可看见。它富含铁，巨大的岩石上布满了红色和金色的阴影，在日出和日落时会变色。

桂林山峰

圆锥形的山峰环绕着桂林这座中国城市，风景秀丽，景色迷人。这些山峰永远笼罩在雾中，宛如神话中龙的牙齿。

尼亚加拉瀑布

尼亚加拉瀑布位于加拿大和美国交界处，瀑布源头是连接伊利湖和安大略湖的尼亚加拉河。河流从南向北蜿蜒流淌，在经过一道石灰岩构成的断崖时，骤然陡落，水势澎湃，声震如雷，形成了气势壮观的尼亚加拉瀑布。

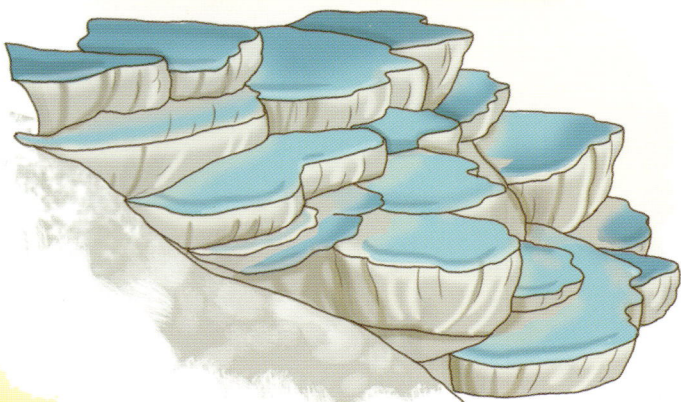

厄格普圆锥群

在土耳其卡帕多西亚地区有一些圆锥形的石柱，被称为厄格普圆锥群。该地区以前由于火山反复喷发，沉积了大量熔岩和火山灰，熔岩凝固成坚硬的玄武岩，而火山灰形成了一种被称为凝灰岩的软岩。数千年来，在风雨的猛烈侵蚀下，凝灰岩形成了深深的沟壑。而被玄武岩巨石覆盖的部分才能免遭侵袭，于是形成了厄格普圆锥群。

芬格尔洞穴

这个著名的洞穴位于赫布里底群岛的斯塔法岛上，在那里，汹涌的海浪"雕刻"出一个洞穴，洞穴壁由一排排紧密相连的玄武岩柱构成，玄武岩柱是苏格兰穆尔火山喷发的产物。在洞穴的底部，那些被海水冲断的岩柱形成了一个音乐宝座，海水不断拍打产生了优美动听的旋律，所以苏格兰盖尔语称其为"洞穴的旋律"。

纪念碑峡谷

在美国犹他州和亚利桑那州之间，有一条干旱的峡谷。在这条峡谷中，台地地貌清晰可见。这些被侵蚀而成的红砂岩石桩高出沙丘300—600米。大约7000万年前，这个地区还被海水覆盖着，当海水退却后，留下了一条由断层和裂缝构成的平原沟壑。

魔鬼塔

在美国怀俄明州的东北部耸立着一个圆柱形的魔鬼塔，这是一个因火山喷发形成的玄武岩柱。塔身由从地球深处喷出的熔岩凝固而成，高265米，顶部平坦，两侧布满深深的裂缝。这些裂缝是数百万年风雨侵蚀的结果。

55

古代世界奇迹

我们要感谢希腊诗人安提帕特（约公元前2世纪前后生活在西顿地区），他讲述了散布在地中海沿岸的七处令人难以置信的建筑奇迹。希腊人和罗马人认为这些建筑是有史以来最令人钦佩的天才作品。

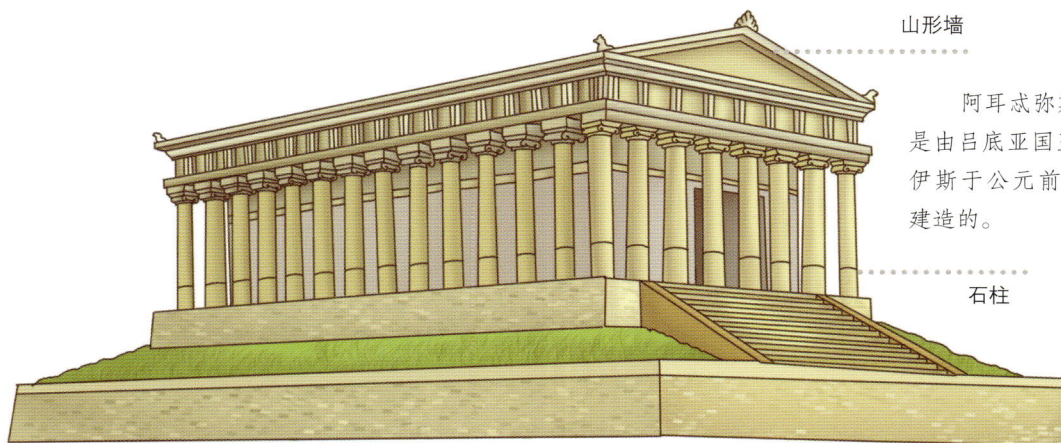

火炬

山形墙

阿耳忒弥斯神庙是由吕底亚国王克罗伊斯于公元前550年建造的。

石柱

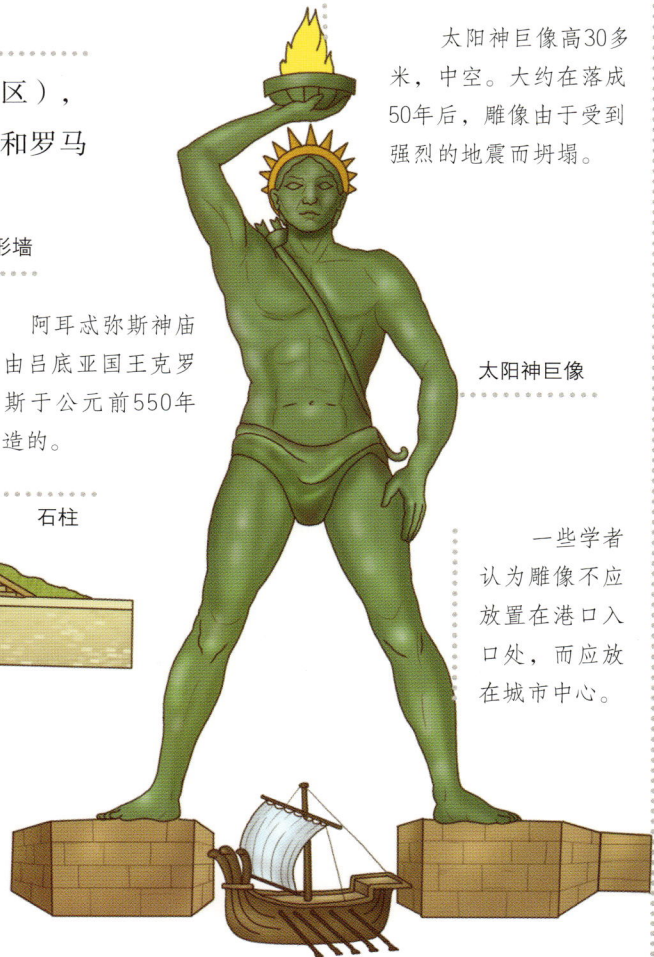

太阳神巨像高30多米，中空。大约在落成50年后，雕像由于受到强烈的地震而坍塌。

太阳神巨像

一些学者认为雕像不应放置在港口入口处，而应放在城市中心。

以弗所的阿耳忒弥斯神庙

以弗所的阿耳忒弥斯神庙是用石灰岩和大理石建造而成的，它是古代世界最大的建筑之一，坐落在130米长、70米宽的基座上。整个建筑大约有120根高约17米的大理石柱子，其中36根柱子上刻有浮雕。神庙里供奉着阿耳忒弥斯女神的雕像。

罗德岛的太阳神巨像

太阳神赫利俄斯的雕像是公元前3世纪建成的。它是罗德岛人为了庆祝对包围该城的希腊军队的军事胜利而建造的。据说它是由一位名叫卡雷斯的建筑师设计的，花了12年才完工。整座雕像使用青铜板固定在支撑雕像的铁框架上。

巴比伦的空中花园

根据希腊和拉丁作家留下的文字证据，巴比伦空中花园的建造时间可追溯到公元前600年的尼布甲尼撒统治时期。

这座纪念性建筑的建造地点并不确定，可能建在幼发拉底河附近。在多层的露台上，种植着各种各样的植物，其中许多是从遥远的地方运来的。考古学家虽然发现了与这种建筑结构相符的遗迹，但没有找到证据证明它存在。

吉萨金字塔

在金字塔附近有狮身人面像，它是一个长有人头和狮身的雕像。

位于吉萨的胡夫大金字塔，是世界古代七大奇迹中唯一一个保留至今的。它是古埃及最著名法老胡夫的陵墓。据说这座金字塔的建造时间持续了20多年，是用200多万块巨石堆砌而成的。

宙斯神像

公元前5世纪下半叶，在奥林匹亚建起了一座供奉宙斯的神庙。为宙斯制作雕像的任务委托给了古希腊雕塑家菲狄亚斯，他于公元前433年左右完工。这座令人神往的雕塑有着惊人的尺寸，它高达13米。参观者都会被其细节的真实感所震撼。庄严威仪的造型、黄金和象牙的质地，使这座雕像成为艺术杰作。在之后的800年里，它是最受世人瞩目的作品之一，直到一场大火将其烧毁。

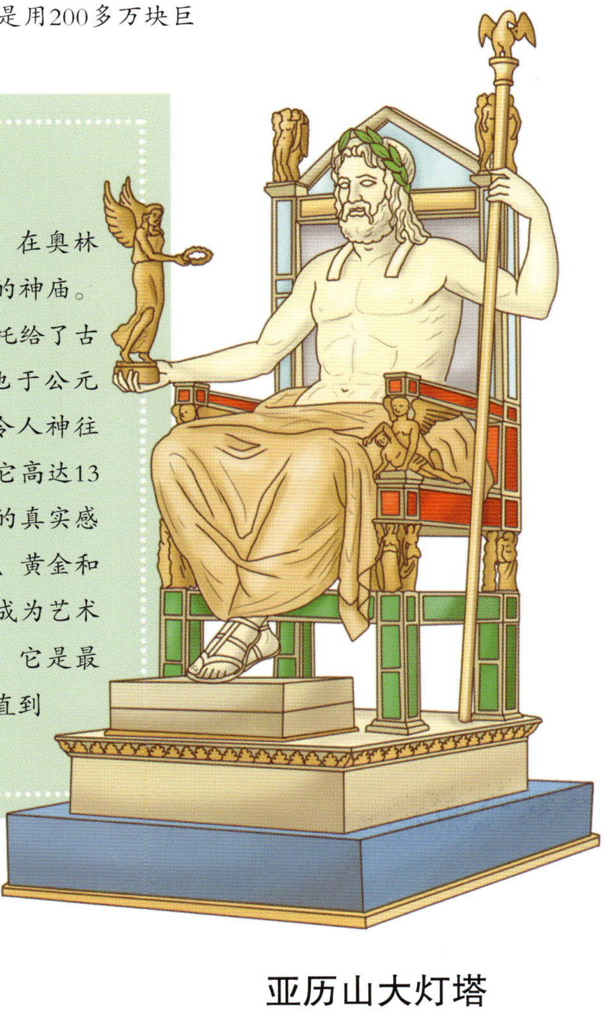

摩索拉斯陵墓

摩索拉斯陵墓大约建于公元前4世纪中叶，是为摩索拉斯和他的妻子而建造的。这座宏伟而优雅的建筑高达40多米，坐落在由一排石狮守卫的基座上。四周有柱子和雕像环绕，顶部则矗立着一组优雅的大理石。这座陵墓耸立了近2000年，后毁于地震。

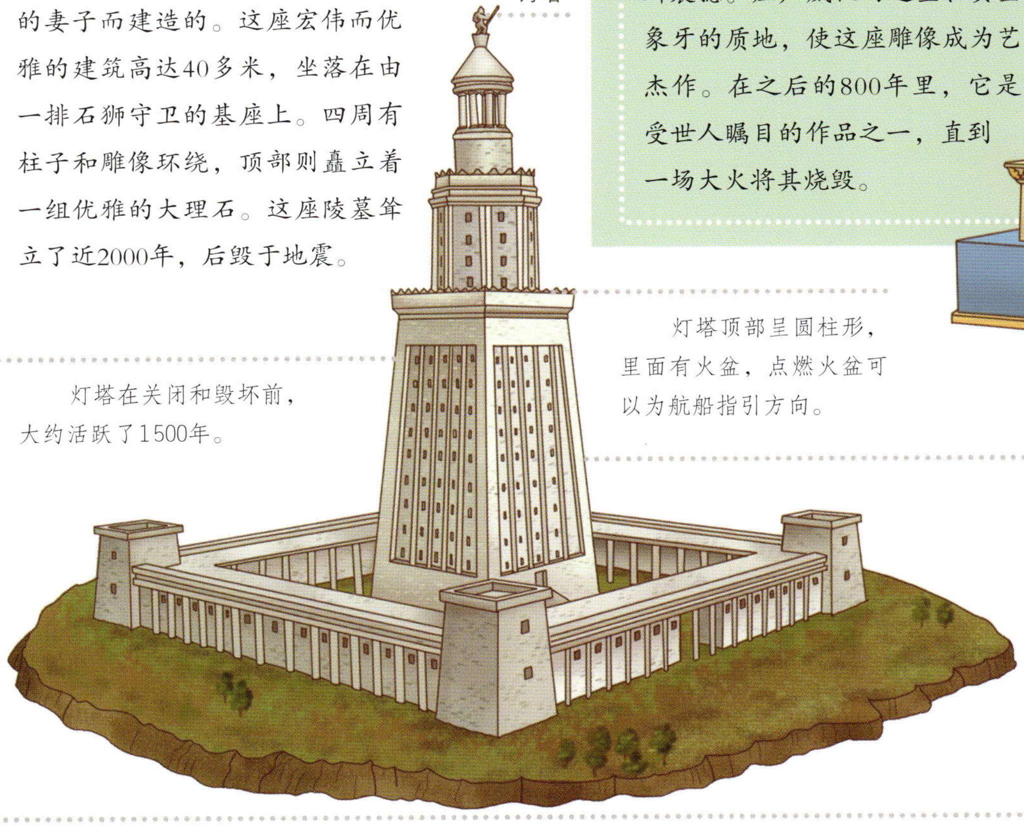

灯塔在关闭和毁坏前，大约活跃了1500年。

灯塔顶部呈圆柱形，里面有火盆，点燃火盆可以为航船指引方向。

亚历山大灯塔

亚历山大灯塔建造于公元前3世纪左右，位于亚历山大港港口前的一座小岛上，工程持续了大约20年。灯塔高约120米，顶部设有一面凹面金属镜，用来反射日光，据说50千米外的船只都能遥望灯塔的方位。夜幕降临时，灯塔上点燃火炬，为船只引导方向。

大型建筑

起初，人类把建筑当作遮风挡雨的庇护所。后来，人类用建筑来彰显自己伟大的创造力。

帕特农神庙

帕特农神庙是古希腊建筑艺术最伟大的典范之作。它由伟大的建筑师卡里克利特和伊克梯诺合作设计，古希腊雕塑家菲狄亚斯雕刻了庙中的雅典娜女神像。神庙呈长方形，东西宽31米，南北长70米。庙内有前殿、正殿和后殿，采取八柱的多立克柱式，东西两面是8根柱子，南北两侧则是17根。

山形墙

多立克柱

古罗马建筑

许多现存伟大建筑的遗迹，可以追溯到古罗马时期，展示了古罗马人非凡的建筑成就。其中最重要的例子是长达几十千米的宏伟输水管道，为城市和水疗中心提供用水服务。为了完成这些工作，古罗马人又建造了许多雄伟的石拱桥梁。

罗马斗兽场

弗拉维圆形剧场，被称为斗兽场，是古罗马时代最著名的建筑之一。建筑工程始于韦斯帕芗时期，结束于公元80年提图斯时期。该建筑群规模巨大，高达52米的四级拱门可容纳多达5万名观众。

斗兽场里经常上演角斗士之间的搏斗和动物之间的血腥搏斗。

传说有10座佛塔竖立在印度各地，用于存放佛陀的遗物。

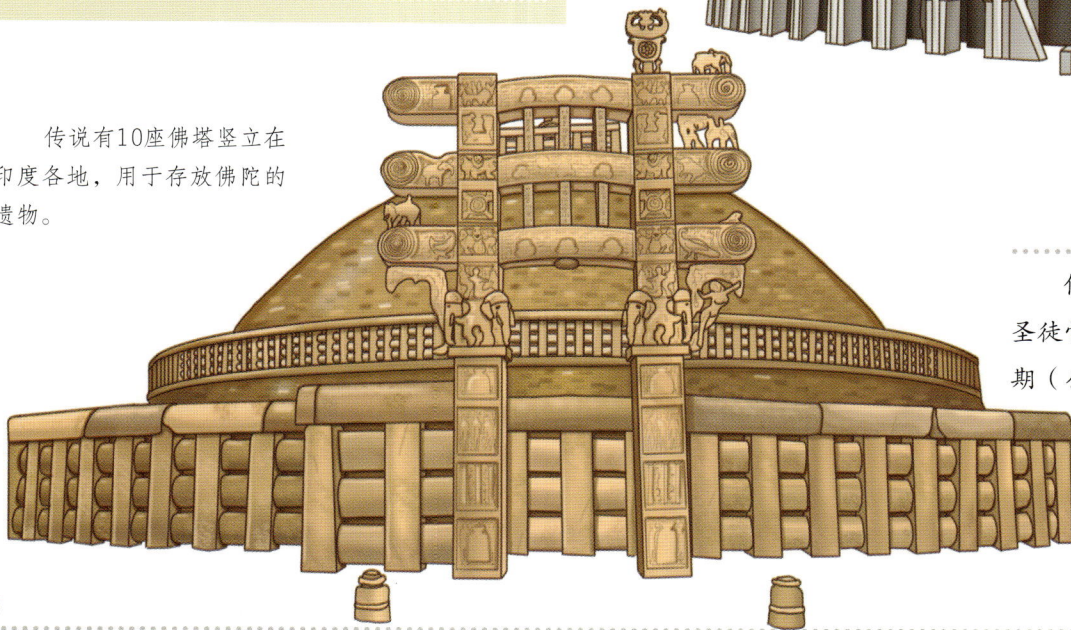

桑吉佛塔

佛塔，是印度佛教中埋葬佛骨舍利子和圣徒骨骸的地方。桑吉佛塔始建于阿育王时期（公元前3世纪左右），是世界上现存最古老的佛教遗迹，塔内保存了大量精美的石雕，刻绘了释迦牟尼佛的传奇故事。1989年被联合国教科文组织列入《世界文化遗产名录》。

提卡尔金字塔是玛雅文明的见证。

提卡尔金字塔

提卡尔金字塔坐落在危地马拉东北部提卡尔国家公园里，共有6座，其中最高的一座高70米，也是提卡尔城的最高建筑。提卡尔城曾是玛雅帝国最重要的城市之一，该帝国修建的金字塔顶部多建有神庙，这为本来细高挺拔的金字塔增添了几分飘逸和潇洒。

金字塔结构

金字塔结构在不同的文明中反复出现，古埃及人、古巴比伦人和玛雅人是其最伟大的倡导者。人们可能会好奇，他们彼此相距如此遥远，却在设计这些巨大的建筑时，拥有相似的灵感。

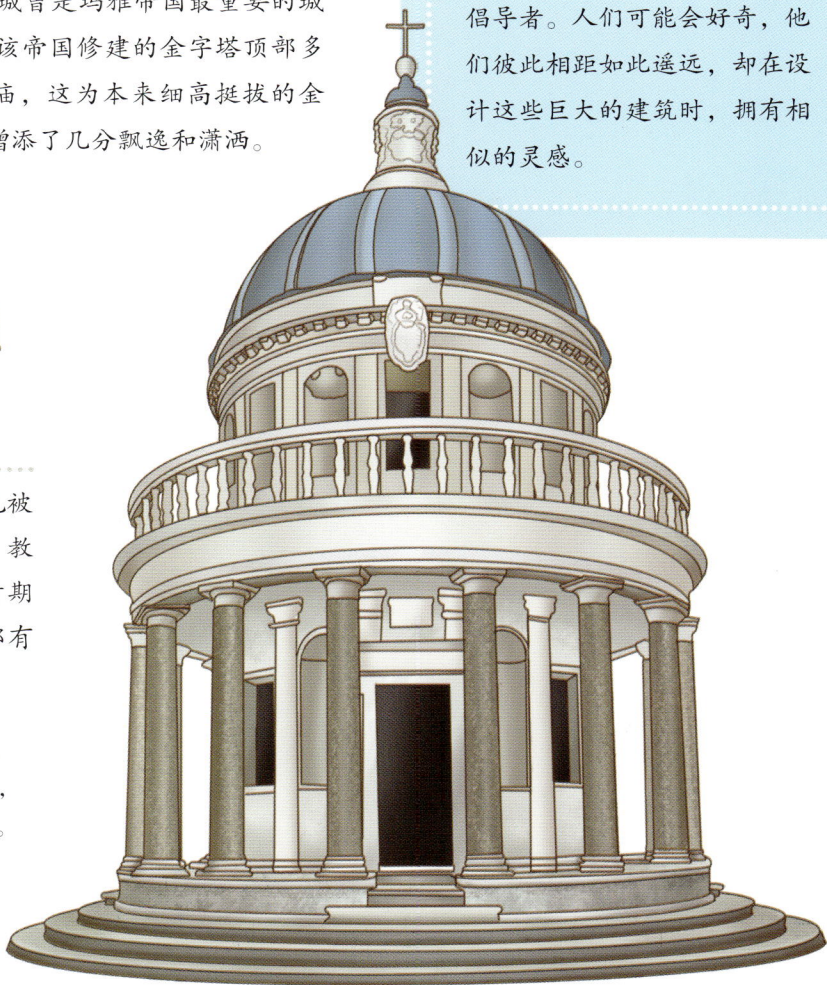

坦比哀多小教堂

这座小型建筑被认为是文艺复兴时期建筑的典范，也被称为"圣彼得小教堂"。该教堂建于圣彼得殉教之处，教堂内藏有与这位使徒有关的遗物。建筑师是文艺复兴时期与达·芬奇齐名的布拉曼特。教堂结构呈圆柱形，顶部有一个圆顶，柱廊由16根多立克柱式柱子组成。

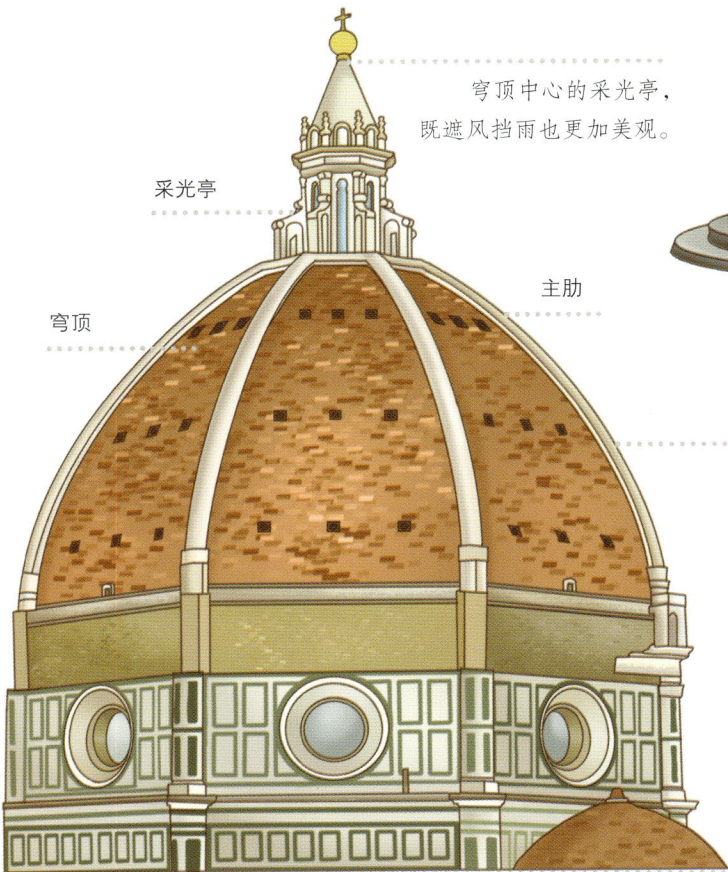

穹顶中心的采光亭，既遮风挡雨也更加美观。

采光亭

穹顶

主肋

布鲁内莱斯基的穹顶

布鲁内莱斯基的穹顶是指佛罗伦萨大教堂的穹顶，由意大利文艺复兴早期天才建筑师布鲁内莱斯基建造。这位建筑师在建造穹顶过程中没有借助于拱架，而是采用了一种相连的鱼骨结构和以椽固瓦的方法，从下往上逐次砌成。穹顶的基部呈八角平面形，平面直径达42米，结构呈双层薄壳形，双层之间留有空隙，上端略呈尖形。工程于1434年完成，它是文艺复兴时期佛罗伦萨最杰出的艺术作品之一。

城堡

城堡建造的伟大时代始于10世纪。这些防御工事既是住宅也是权力的象征，其形状和大小因建造的历史时期和目的而不同。

公爵宫始建于1444年，竣工于1482年。

乌尔比诺公爵宫

乌尔比诺公爵宫位于意大利的小山城乌尔比诺，这是建筑师劳拉纳为乌尔比诺公爵费德里科二世设计的。它拥有雄伟的砖砌外墙和两座细长的塔楼，成为最具特色、最优雅的文艺复兴时期宫殿之一。这座建筑群与城市布局完美融合，拥有镶嵌着木雕壁画的著名书房和宏伟气派的庭院。

蒙特城堡

蒙特城堡于13世纪由神圣罗马帝国皇帝腓特烈二世建造，位于意大利东南部，是一座八角形的城堡。它完美而和谐地融合了北欧、伊斯兰和古希腊罗马建筑风格，是中世纪军事建筑的独特杰作。不仅外部是完全对称的八角形，内部也如此，数字8在室内重复，两层楼各有8个房间，这些空间比例的调整是通过复杂的数学和几何计算来完成的。

由于结构坚固，卡拉克城堡多次成功抵御围攻。

卡拉克城堡

卡拉克城堡位于约旦，始建于公元105年，由古罗马人建立。12世纪时在此基础上扩建，使其成为坚固的防御工事。城堡周长400米，有防御工事、地下通道、教堂、宫殿、卧室、厨房、水窖、马厩等设施，能够储备大量物资，以满足长期作战的需求。

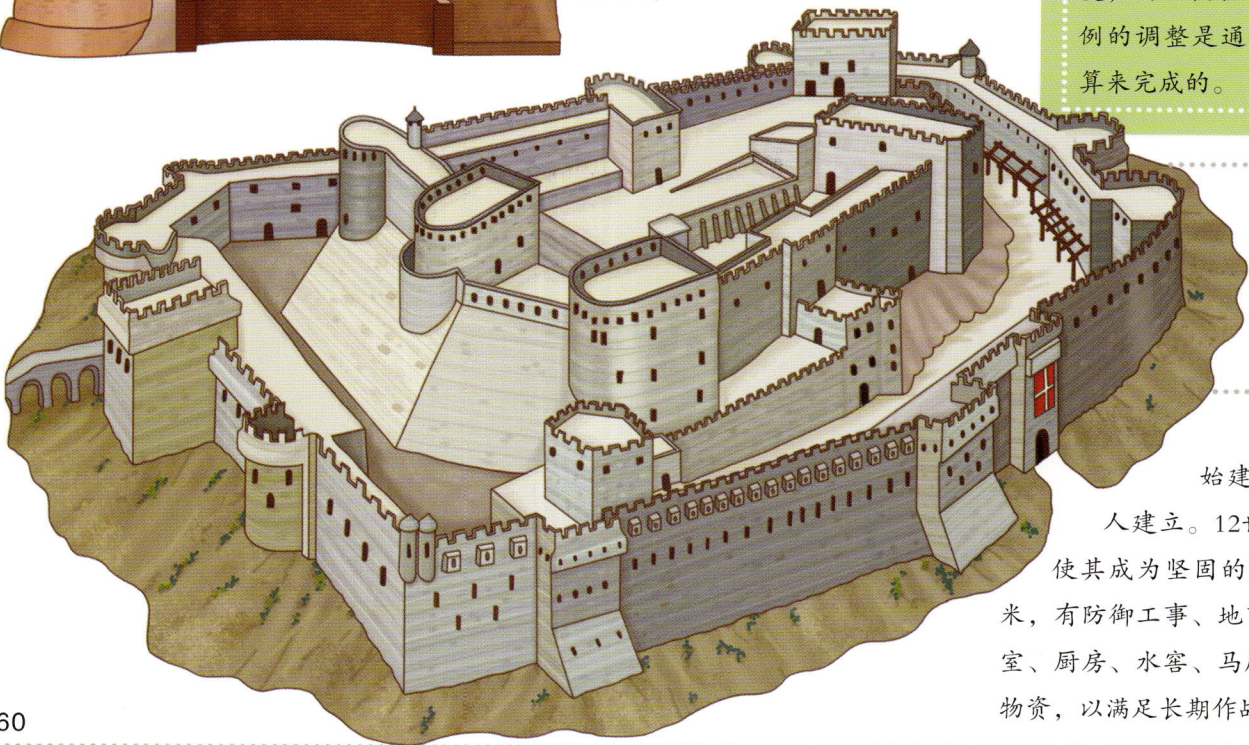

16世纪是日本城堡建造的黄金时代。建造这些防御工事的时代，也是当地"幕府将军"的势力增强的时代。

姬路城堡

姬路城堡位于日本大阪附近，因其优美的外形和洁白的墙壁而被称为"白鹭城"。堡垒周围有高高的石墙，用来保护内部建筑和木制的中央塔楼。这种防御技术使城堡结构坚固且富有弹性，能够抵御像日本这种高地震区的频繁强震。

新天鹅城堡

在新天鹅城堡上可以俯瞰德国上巴伐利亚州的美丽风景。它是19世纪巴伐利亚国王路德维希二世亲自选址下令建造的。这座建筑的风格长久以来被认为是不拘一格的。实际上，居住者想要的就是一个类似该地区古代封建风格的城堡。今天看来，这座建筑可以被认为是独一无二的杰作。

新天鹅城堡矗立在前后天鹅城堡的废墟上。

白塔也是一座严酷的监狱，曾关押过英国历史上许多王公贵族和政界人物。

新天鹅城堡的许多房间中都装饰着漂亮的壁画。

伦敦的白塔

11世纪，威廉一世占领英国伦敦城后，开始建造白塔。久而久之，这座雄伟的建筑成为一座由两层城墙和几座塔楼环绕的强大堡垒。从亨利三世时代起，白塔成为皇家住宅，亨利八世在位时建造了王后排屋。时至今日，白塔附近的珍宝馆内还收藏着英国历代国王的王冠和大量王室珠宝。

现代建筑

　　20世纪初是建筑施工技术的转折时期。法国建筑师奥古斯特·佩雷是最早将混凝土与金属结构结合使用的人之一。有了钢筋混凝土，建筑师们创造出了前人无法想象的大胆结构。

无与伦比的巴特里奥之家是建筑天才安东尼奥·高迪最成功的作品之一。

纽约的古根海姆博物馆

　　美国著名建筑师弗兰克·劳埃德·赖特设计这座博物馆的目的，就是创造一件收藏艺术品的艺术作品。他通过设计一个螺旋形结构的建筑来达到这一目的，成为20世纪的建筑标志。

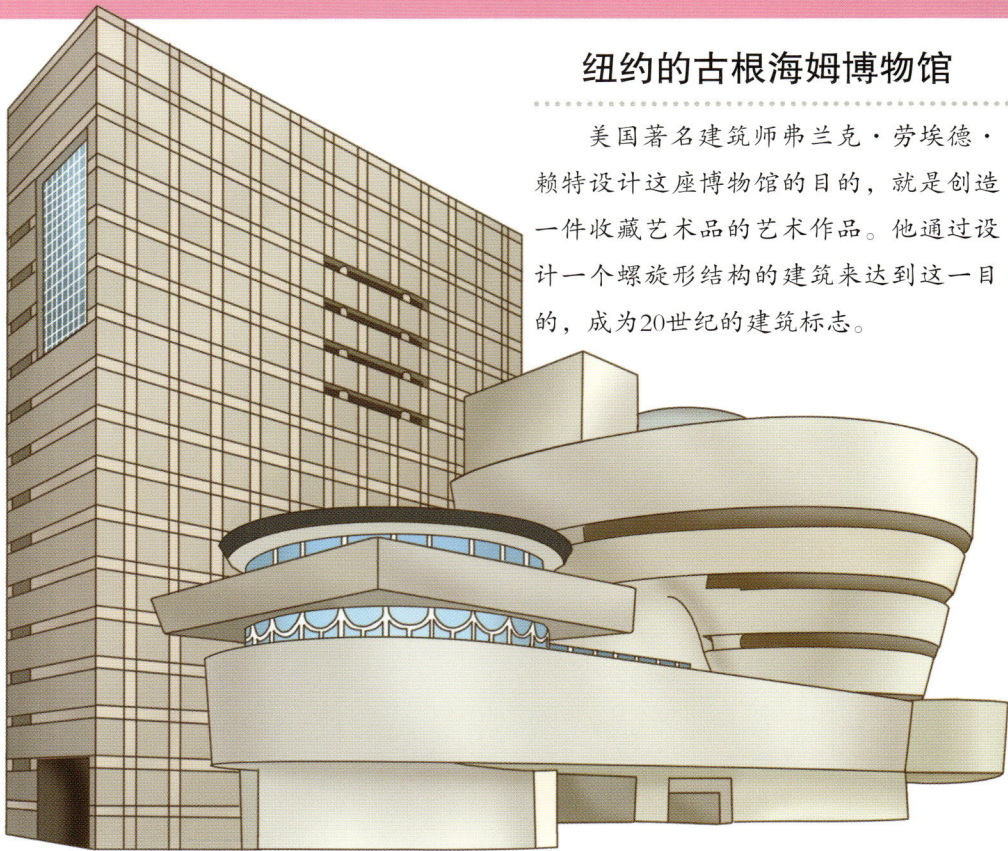

安东尼奥·高迪

　　西班牙的巴塞罗那是一座汇集了现代主义建筑瑰宝的城市。安东尼奥·高迪是对20世纪早期建筑美学和建筑方式艺术潮流最杰出的诠释者。这位西班牙建筑师采用了当时常见的花卉图案，并用弯曲和不对称的方式对其进行了重塑。他能够将这种品味转移到不寻常和迷人建筑的施工技术上，比如圣家族大教堂的未来主义项目，然而该项目的施工工程已经进行了一个多世纪，目前仍未完工。

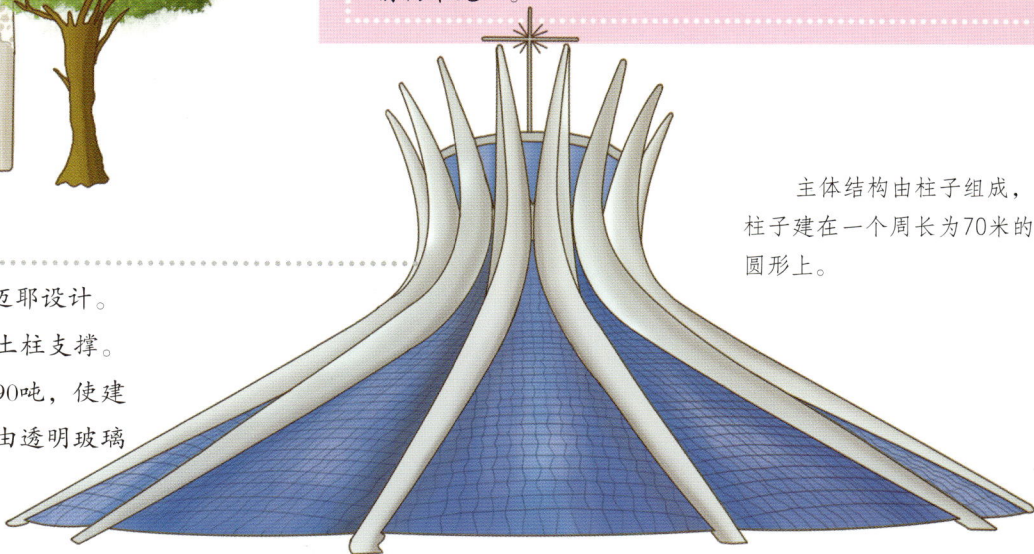

巴西利亚大教堂

　　巴西利亚大教堂由建筑师奥斯卡·尼迈耶设计。建筑物的结构由16根形状相同的钢筋混凝土柱支撑。这些抛物线技术具有双曲线截面，每根重90吨，使建筑结构呈典型的树冠形状。墙壁几乎完全由透明玻璃制成，保证了室内的环境亮度。

主体结构由柱子组成，柱子建在一个周长为70米的圆形上。

跳舞的房子

跳舞的房子建在一座战争废墟上。

捷克布拉格河畔矗立着一座不同寻常、设计大胆的建筑——"跳舞的房子"。它是由捷克设计师弗拉多·米卢尼克和加拿大设计师弗兰克·盖里合作设计的。该建筑是为了纪念一对著名舞者，他们是弗雷德·阿斯泰尔与金格尔·罗杰斯。房子造型充满曲线韵律，蜿蜒扭转的双塔就像两个人相拥而舞。

摩天大楼

在19世纪末，建造一座10层以上的建筑是一项艰巨的任务，因此人们将那些高楼称为摩天大楼。如今，数百个高度超过300米的建筑在各个纬度上拔地而起，有些建筑的高度甚至超过了600米。直到今天，钢筋混凝土仍然是支撑这些高层塔楼的主要构件。

迪拜哈利法塔

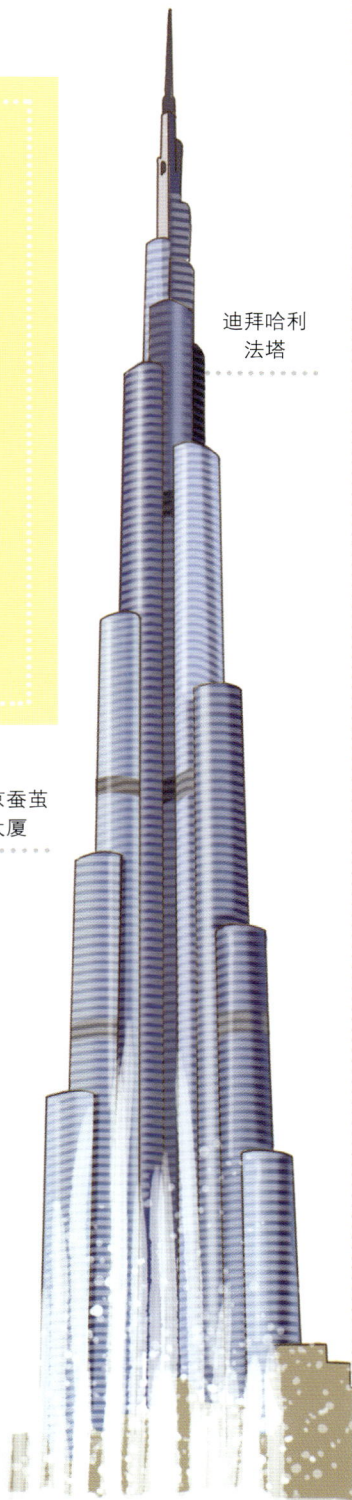

摩天大楼的高度在不断刷新，预计未来将有超过1500米高的塔楼。

上海环球金融中心

上海中心大厦

伦敦碎片大厦

瑞士再保险塔

纽约帝国大厦

东京蚕茧大厦

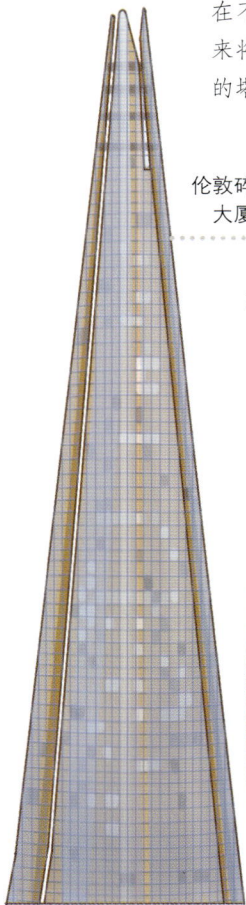

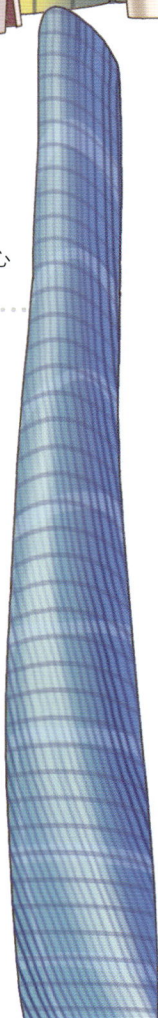

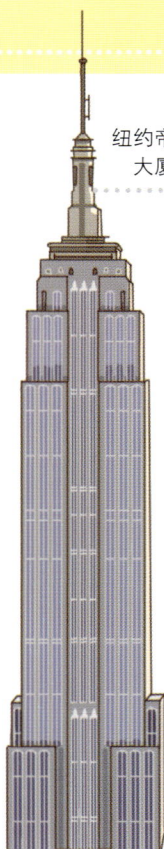

桥梁

从古罗马人建造的拱桥到现代的吊桥，桥梁的建造技术一直是人类创造力最光辉的表现之一。

吊桥

在吊桥中，路面由穿过高塔的坚固钢索支撑。

构成悬臂桥桥面的梁仅沿一端锚固，自由侧朝向跨度中心。

悬臂桥

桥梁组成

供车辆和行人通过的支撑部分称为桥面。梁是桥梁的基本构件，只能纵向铺设或设计成能够支撑更高工程的网状结构。桩是用来支撑梁重量的大型立柱。

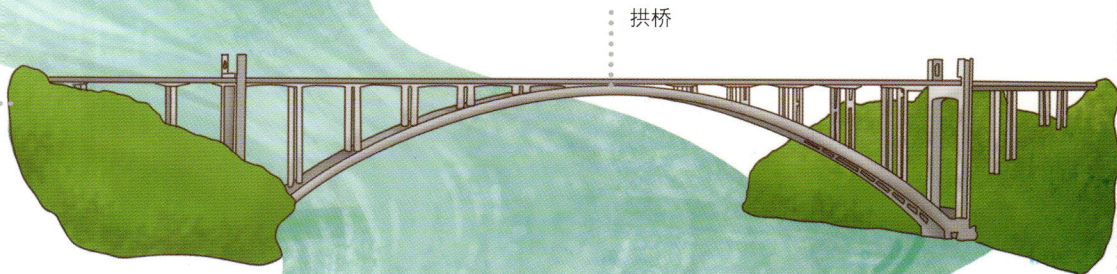

系杆拱桥

拱桥

拱桥有拱形的钢或混凝土结构，通过将其压力分散在侧支撑物上来支撑路面。

斜拉桥

明石海峡大桥

明石海峡大桥是目前世界上跨距最大的桥梁之一。两个中央塔高达283米，相距近2千米。它于1998年通车，将日本神户市与淡路岛连接起来。它的抗震结构能承受该地区频繁发生的强烈地震。

自1593年以来，沿着"老桥"矮护墙开设了许多金匠铺，使这座建筑以"金桥"闻名。

"老桥"

　　"老桥"大约建于14世纪中叶，横跨意大利佛罗伦萨阿诺河的最窄处。这座纪念性建筑旨在将市中心与碧提王宫连接起来。碧提王宫是15世纪托斯卡纳大公爵的豪华住宅。三个低拱结构在当时是相当创新的，可以减少支撑这一长度桥梁所需的桥塔数量，从而有利于雨季时洪流通过。

悉尼港湾大桥

　　这座著名的带有悬空通道的拱桥连接着澳大利亚悉尼湾的两岸。它有500多米长，于1932年完工，曾经号称世界第一单拱桥。这是一个真正的工程杰作。130多米高的宏伟轮廓与周围的景观浑然一体，并不显得突兀。

伦敦塔桥

　　伦敦塔桥是一座上开悬索桥，高约60米，分上下两层，两岸的两座高塔是用花岗石和钢铁建成的。上层桥面支撑着两岸的塔，下层桥面可通行人和车辆。桥内设有商店、酒吧。即使在雨雪天气，行人也能在桥上购物、聊天或凭栏眺望两岸风光。

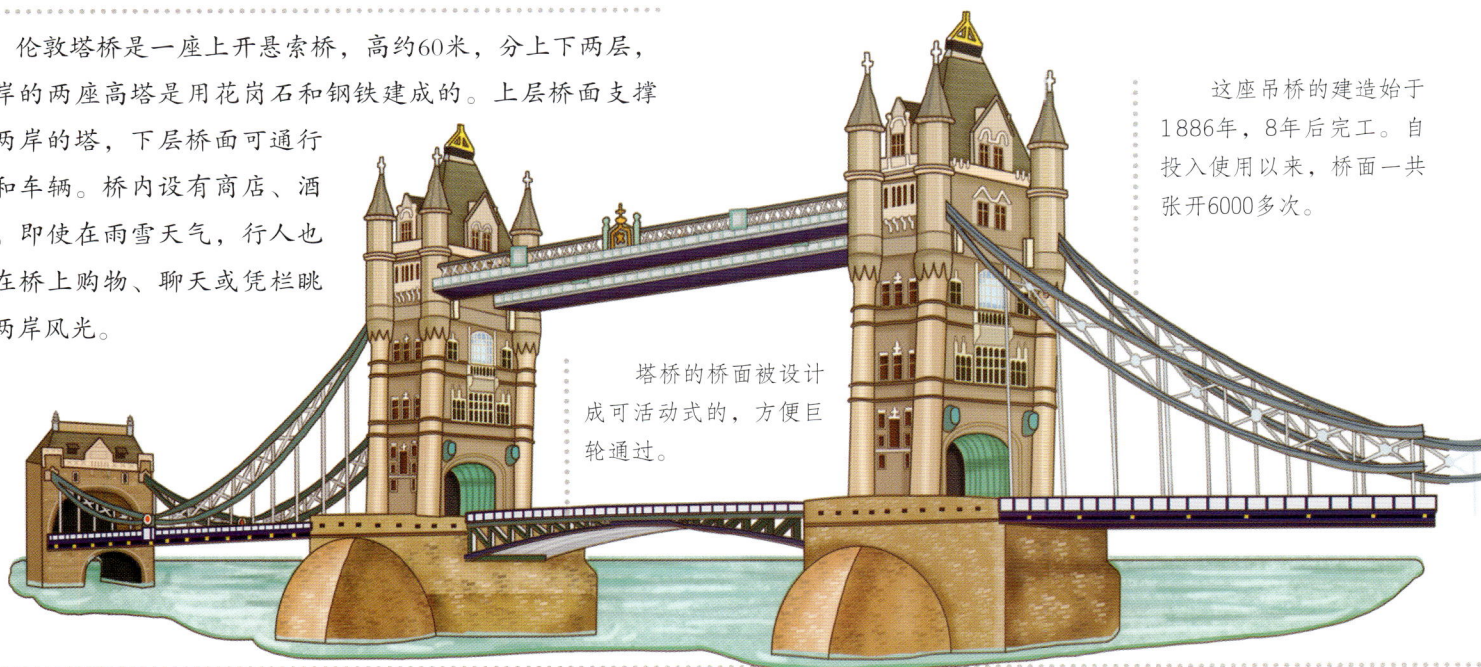

这座吊桥的建造始于1886年，8年后完工。自投入使用以来，桥面一共张开6000多次。

塔桥的桥面被设计成可活动式的，方便巨轮通过。

消防员

已知的世界上第一批"消防员"生活在古罗马时期，他们的任务是应对城市频繁发生的火灾。随着时间的推移，消防员在保护人类、动物和财产方面承担着越来越重要的任务。除了灭火，在发生其他人为事故、灾祸和自然灾害时，消防员也是不可或缺的。

救援直升机能实施搜索救援、物资运送、空中指挥等工作。

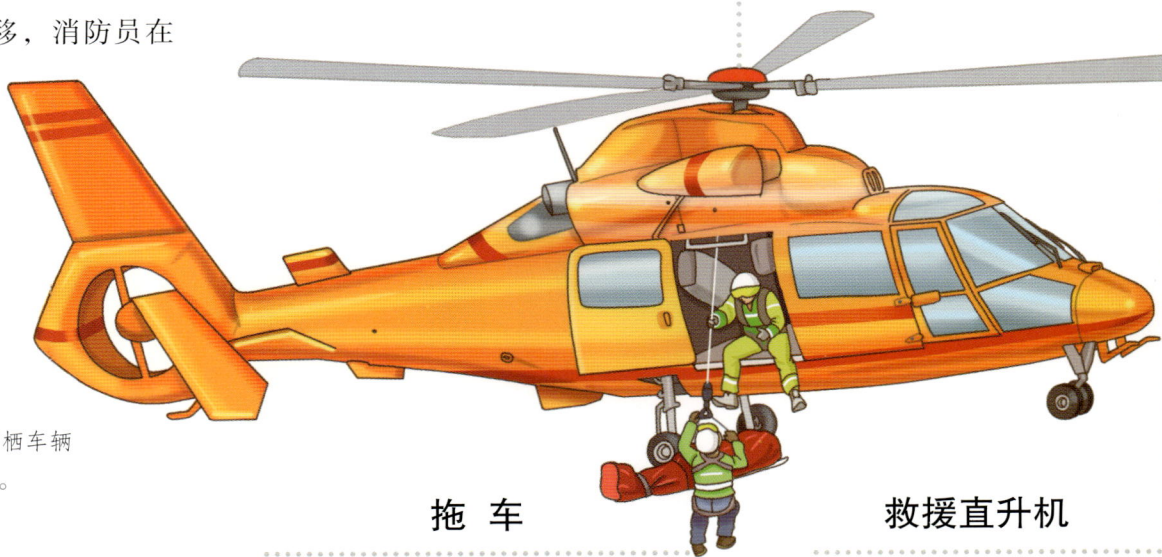

在洪水来临时，借助两栖车辆能够将人们转移到安全地带。

消防艇

拖 车

拖车是具有起吊、托举、拖拽和牵引等多种功能的车辆。当车辆遭受交通事故或因故障无法移动时，拖车就会及时赶到。

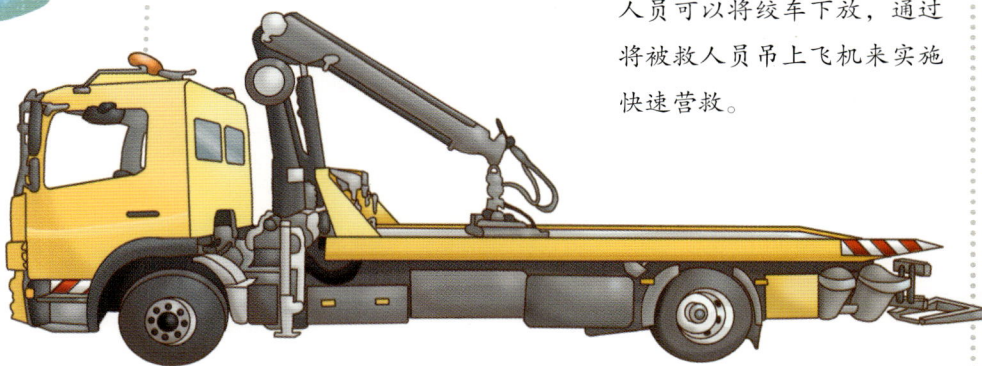

救援直升机

救援直升机能够在任何地方迅速介入，为处于危险中的人们提供帮助。当直升机无法在现场着陆时，工作人员可以将绞车下放，通过将被救人员吊上飞机来实施快速营救。

救护车

救护车是一种特殊的交通工具，用于运送和救援受伤或健康状况不稳定的人员。救护车的颜色为白色，带有彩色条纹，再加上蓝色闪光灯，增加了它们的辨识度。

救护车

救护车上有各种医用设备供医护人员有效地抢救患者。有的救护车仅用于运送非严重情况的患者，有的救护车则是配备有医生和护士的全面重症监护病房。

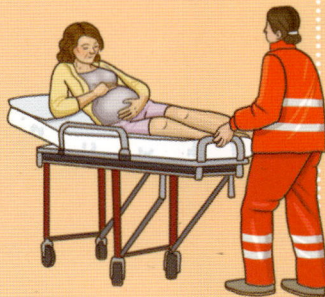

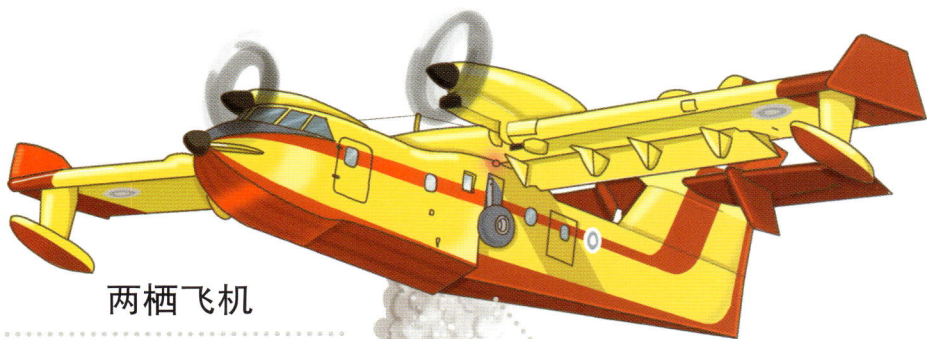

两栖飞机

两栖飞机专门用于扑灭森林火灾。它们可以从地面或水面上起飞，通过在水面上方"飞行"的方式把水箱装满。几秒钟内，就能装满超过6000升的水，然后将水输送到火灾现场，在火灾上方进行喷洒。

两栖飞机

消防船

配备有喷水枪的消防船在船只发生火灾时会及时赶到。喷水枪被引导对准火焰底部，通过冷却、降低温度来灭火。消防船上还配备有消防水炮、消防泡沫炮。消防水炮每秒可以发射高达80升的水。消防泡沫炮每秒可以发射100升的空气泡沫。

消防水炮

为了扑灭建筑物高层的火灾，消防队员配备了高达50米的梯子。

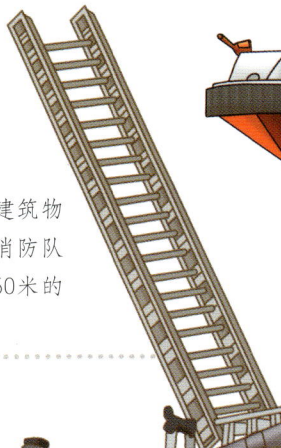

爆闪灯

消防船

除了不可缺少的梯子，消防车还配备了水龙带、起重工具、电锯和其他救援设备。

当消防车接近紧急区域时，它会用警灯和警报器提醒行人。

消防队在紧急情况发生时，乘坐装有水箱的消防车到达现场，然后用水箱里的水迅速灭火。

消防器材

汽车

汽车的出现极大地改变了我们的生活方式，它始于1876年德国工程师尼古拉斯·奥托发明的四冲程内燃机。1885年，卡尔·本茨制造了第一辆单缸发动机三轮车，开创了内燃机驱动的汽车时代。1886年，戈特利布·戴姆勒制造了一款配备四个轮子的原型车。

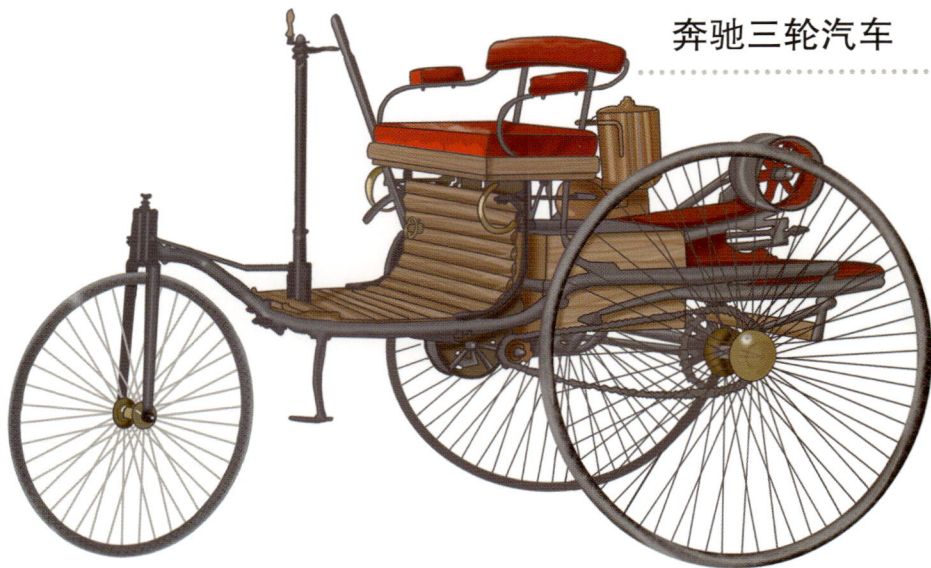

奔驰三轮汽车

奔驰三轮汽车的动力来自尼古拉斯·奥托发明的四冲程内燃机，速度可以达到15千米/小时，是世界上第一辆不需要马力或庞大笨重的蒸汽机来驱动的汽车。

福特T型车

福特T型车于1908年首次亮相。它配备了一台四缸发动机，输出功率为20马力，配有双速变速箱和倒挡，通过手摇启动。

流水装配线

流水装配线法首次用于福特T型车的生产。该系统规定，每个工人通过组装一个零件重复进行一次操作，然后将工作交给下一个操作员，从而将汽车的组装时间从12小时缩短到1小时。这大大降低了汽车的生产成本，从而获得了巨大的成功。

独特的大众甲壳虫

费迪南德·保时捷设计的这辆车于1938年问世，生产超过65年。在此期间售出了2100多万台，成为德国最著名的汽车。简单、耐用的机械装置和技术创新成就了传奇的甲壳虫品牌。

大众甲壳虫

微型汽车

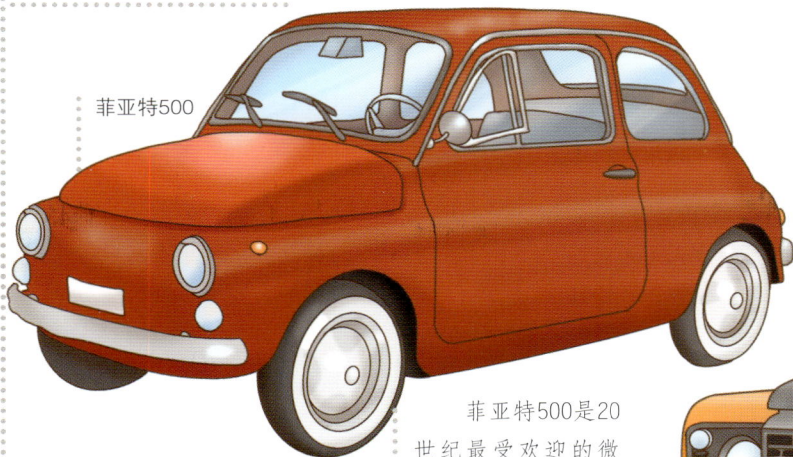

菲亚特500

菲亚特500是20世纪最受欢迎的微型车之一。

多功能车是指长度不超过4米的小型车。多功能车尽管体积小，却可以搭载4人，也有5座车型。它们通常没有豪华的配件，但配备了先进的安全系统。

近年来开发的新技术促进了电动汽车市场强劲扩张，尤其是在城市汽车领域。

电动汽车

越野汽车

越野车是指配有四轮驱动和减速器的车辆，能够爬上陡峭崎岖的斜坡，穿过泥泞的浅滩，在冰上或沙丘上行驶。

老式越野车只有最基本的设备和简单的设施。

电动汽车

由于不使用化石燃料，而是使用电池提供的能量，电动汽车能够减少对环境的污染。这种车特别适合城市出行和短途旅行。电动汽车的蓄电池充一次电续航里程超过300千米。充电时间根据电池的功率、容量以及所连接的充电桩的特性而不同。

超级跑车

超级跑车配备了非常强大的发动机，车身设计符合复杂的空气动力学特性，它们通常是在风洞中进行设计研究。传统的热力发动机与电动装置相结合，可使超级跑车的速度达到400千米/小时。

热气球和飞艇

热气球和飞艇都属于气球的一种，因为它们比空气轻，所以能够起飞。热气球里通常充满热空气，而飞艇中通常含有密度比空气小的氢或氦。

"滑翔机之父"奥托·李林塔尔在滑翔机飞行试验中多次失败，他于1896年的一次悲惨事故中丧生。

热气球

重于空气的飞行试验

气球和热气球升上天空后，德国滑翔飞行家奥托·李林塔尔专门对重于空气的飞行器进行飞行试验。最终证明不需要拍打翅膀也能飞行，这为莱特兄弟以后的飞行试验奠定了基础。

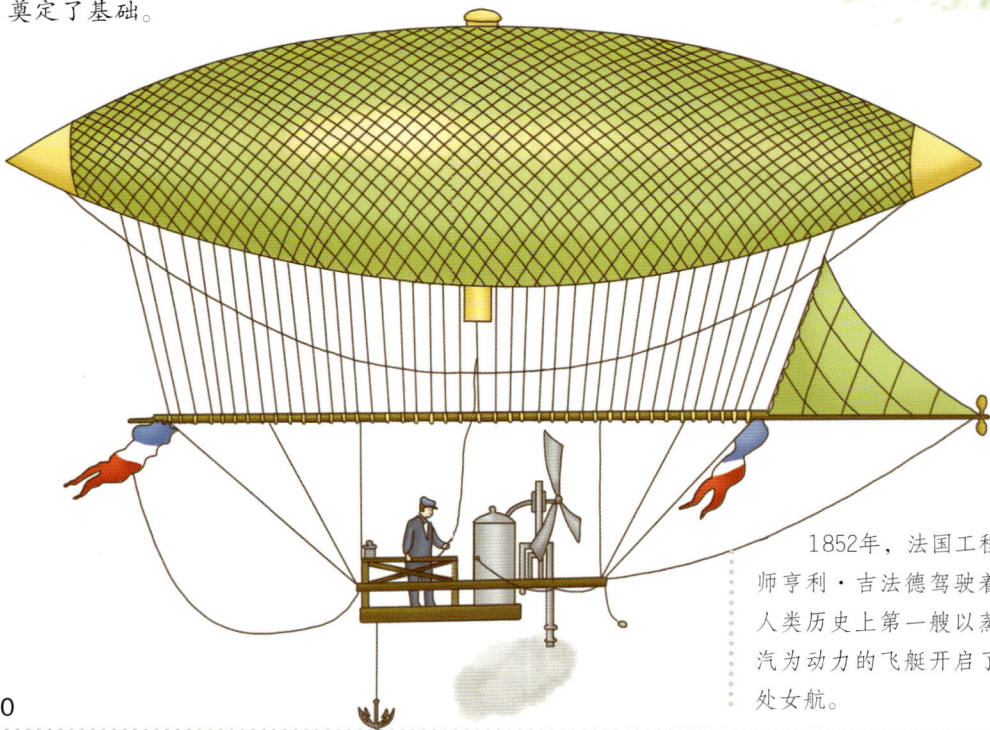

1852年，法国工程师亨利·吉法德驾驶着人类历史上第一艘以蒸汽为动力的飞艇开启了处女航。

热气球

法国的孟戈菲兄弟被认为是热气球的发明者，他们利用气球内部热空气密度比外部冷空气低从而产生向上浮力的原理，发明了热气球。1783年9月，兄弟俩当着国王路易十六的面在凡尔赛宫进行飞行。在那次飞行中，热气球飞行了大约8分钟，高度达到了500米。热气球上有一只羊、一只公鸡和一只鹅。

齐柏林飞艇

齐柏林飞艇是一种硬式飞艇，由德国著名飞船设计家斐迪南·冯·齐柏林伯爵所成立的公司设计生产。第一架齐柏林飞艇于1900年在今天德国的腓特列港附近进行首次飞行。此后，齐柏林飞艇公司生产了一系列飞艇，用于商业和军事领域。1936年，齐柏林飞艇公司生产出世界上最大的飞艇"兴登堡号"。"兴登堡号"长245米，体积达20万立方米，用于横跨大西洋的运输业务。

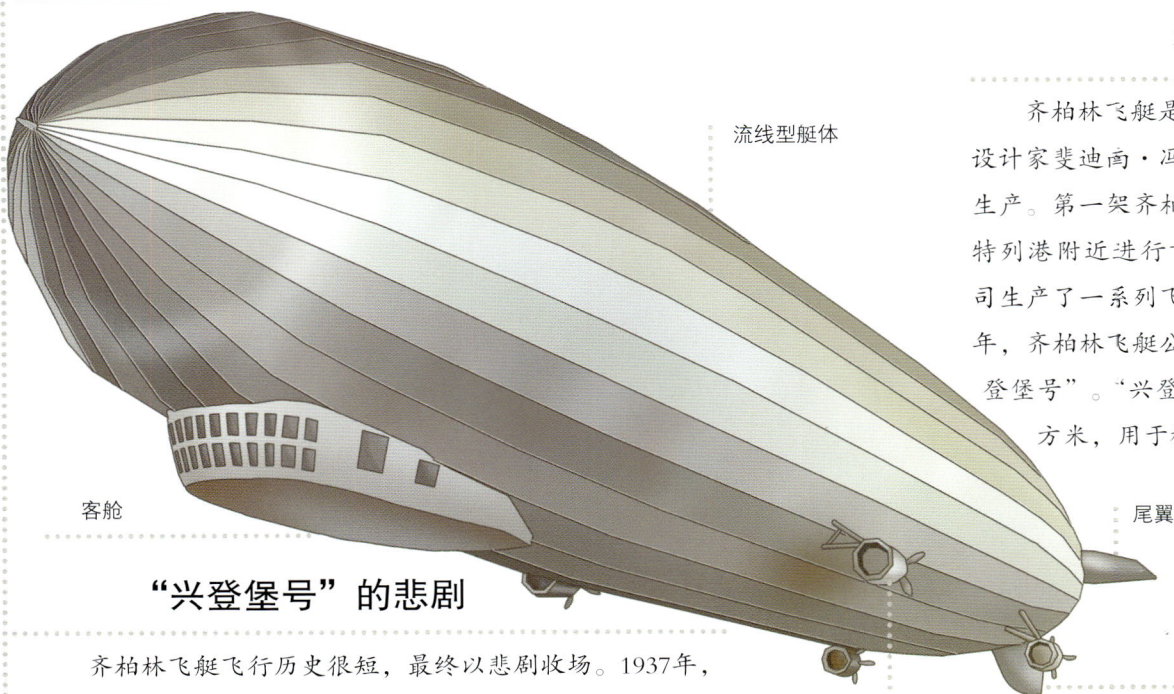

流线型艇体

客舱

尾翼

为了能自由移动，齐柏林飞艇配备发动机作为动力。

"兴登堡号"的悲剧

齐柏林飞艇飞行历史很短，最终以悲剧收场。1937年，"兴登堡号"在美国新泽西莱克赫斯特着陆时被大火吞没。事故原因不明，但造成30多人伤亡，飞艇载客业务就此告终。

发动机

现代飞艇

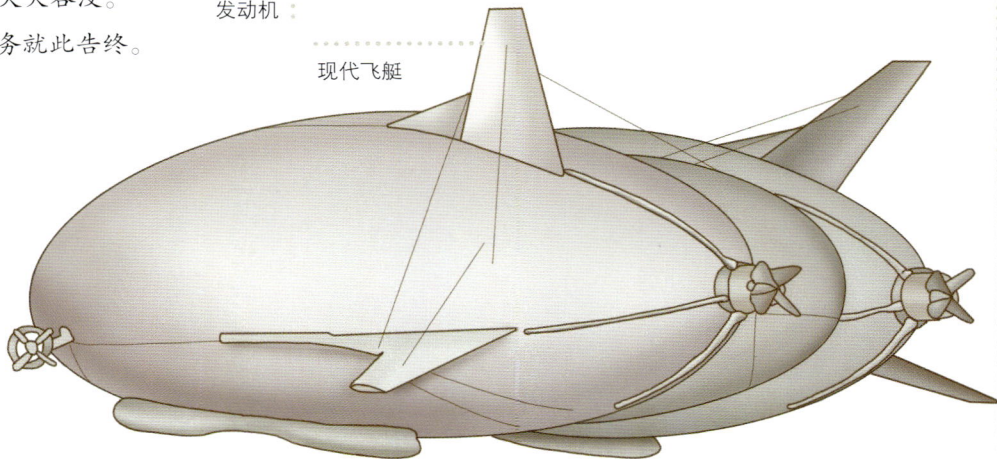

在许多景点，热气球被用于旅游观光。

在土耳其卡帕多西亚的天空中到处点缀着热气球，上面满载着欣赏无与伦比的美景的游客。

未来的飞艇

未来，飞艇可能会作为现代飞机的替代品重新投入使用。飞艇运行所需要的低能耗使其更加环保和经济。未来的飞艇将具备低碳排放、没有噪声，可以在任何地方登机，不需要修建机场等特点。

飞机

人类的航空历史与美国莱特兄弟的事业息息相关。他们首次将重于空气的航空器送上天。其他开拓者虽然都曾进行实验，但都以失败告终。1903年12月17日上午，莱特兄弟制造的飞机在美国北卡罗来纳州基蒂霍克的沙丘上进行试飞，飞机成功飞行了59秒，开启了人类飞行史上一个新时代。

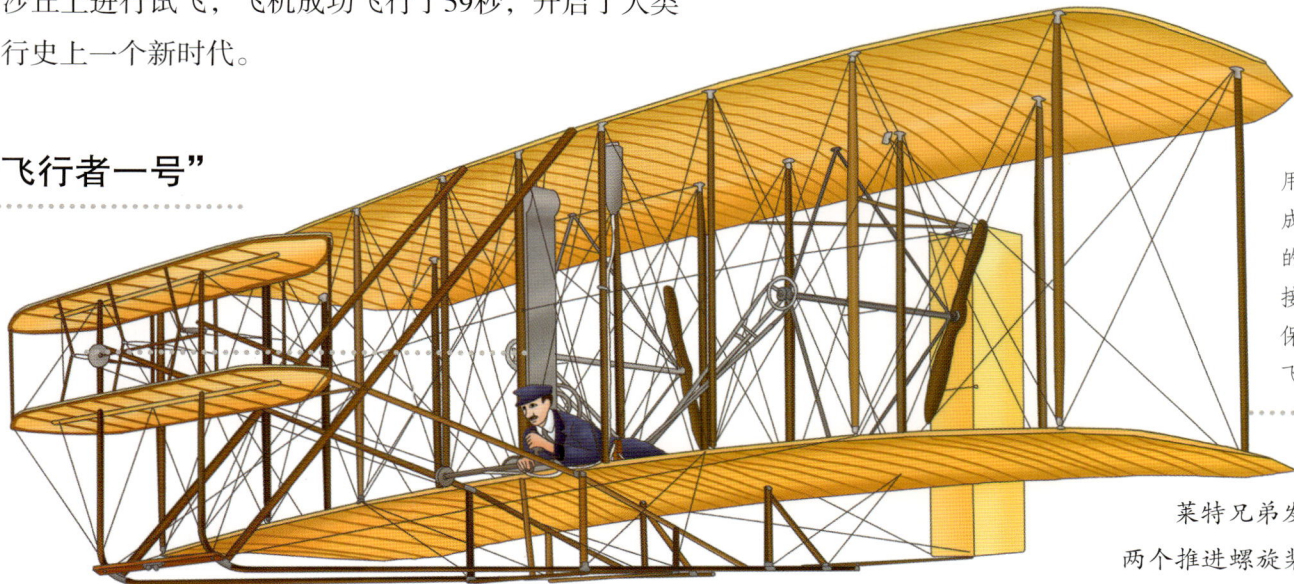

达·芬奇在1483年提出了直升机的设想并绘制了草图，被公认为是直升机的首创者。

"飞行者一号"

"飞行者一号"用木头和帆布制造而成，它有一个12马力的发动机，用链条连接到两个螺旋桨上，保证了使飞机能够起飞的充足推力。

莱特兄弟发明的飞机，配备两个推进螺旋桨，分别安装在飞行员位置的两侧。

飞行英雄

查尔斯·林德伯格是第一位独自穿越大西洋的飞行员。1927年，他驾驶"圣路易斯精神号"从纽约起飞，33小时后，降落在巴黎。

阿梅莉亚·埃尔哈特是第一位独自飞越大西洋的女飞行员。1937年，她做首次环球飞行时，在太平洋上空神秘失踪。

阿梅莉亚·埃尔哈特

查尔斯·林德伯格

水上飞机

水上飞机是指能够在水面上起降、停泊的飞机。为了能够执行这些操作，水上飞机机腹位置配备了两个或两个以上的浮筒，以避免飞机向两侧倾斜而翻覆。

直升机

尾桨

直升机的诞生可以追溯到20世纪初，适用于运输、救援和战争。

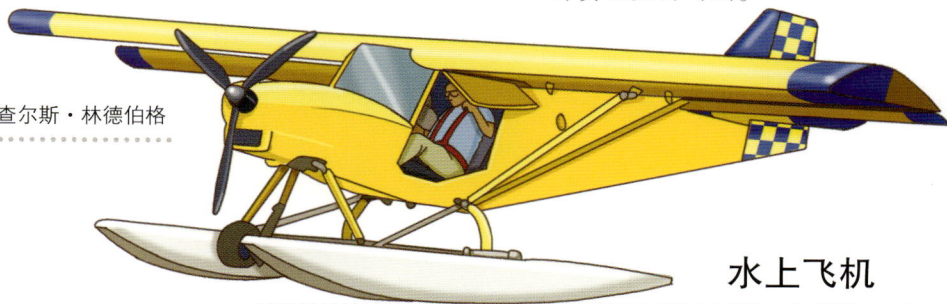

白鲸运输机

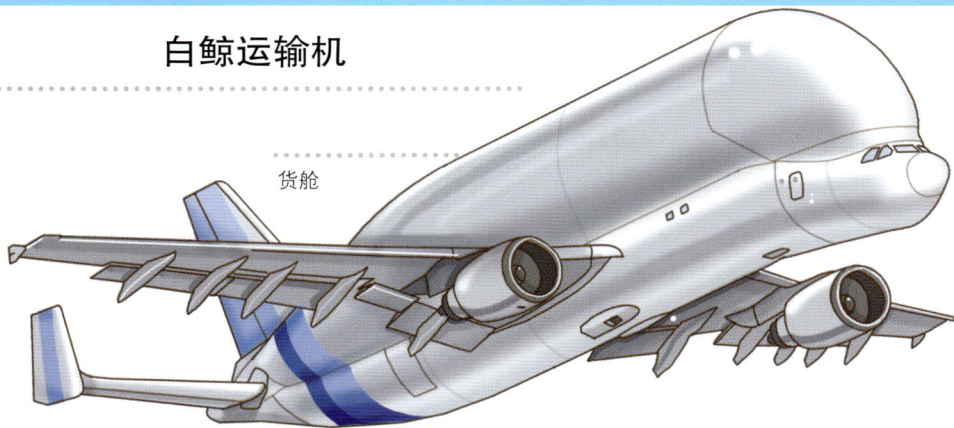

"白鲸"是由欧洲空中客车公司生产的承载量达530吨的运输机，货舱全长超过37米，机身直径8.8米，货舱门宽7米，整个货舱内部呈完整的圆柱形。驾驶舱上方的舱口可以打开，便于装卸货物。

货舱

协和式飞机

著名的协和式飞机的首次飞行可以回溯到1969年，但它不是世界上第一架商用超音速飞机，世界第一架超音速客机是苏联图波列夫设计局设计的图-144。1976年，协和式飞机正式投入服役，主要执行从伦敦和巴黎往返纽约的跨大西洋定期航线。飞机能够在15000米的高空以2倍以上的音速巡航，从巴黎飞到纽约只需3小时多一点，比普通民航客机节省超过一半时间。

协和式飞机由法国和英国共同协作研制，为两国服务了大约30年。

除了大型喷气发动机，现代双引擎小型发动机也在使用，能够保证飞行的速度和性能。

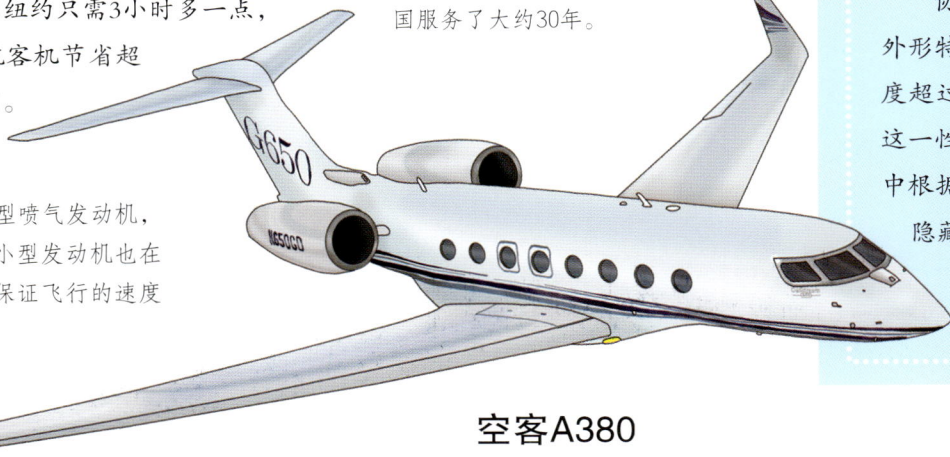

超音速

协和式飞机的机身很薄，机翼外形特别适合超音速飞行，巡航速度超过2000千米/小时。为了确保这一恒能，飞机的重心在飞行过程中根据达到的速度进行移动。通过隐藏在机翼内的不同油箱之间移动燃油，实现这一操作。

空客A380

这架大飞机几乎是空中的巨无霸，翼展长80米，机身长73米，四引擎，双层，最多可搭载840名乘客。

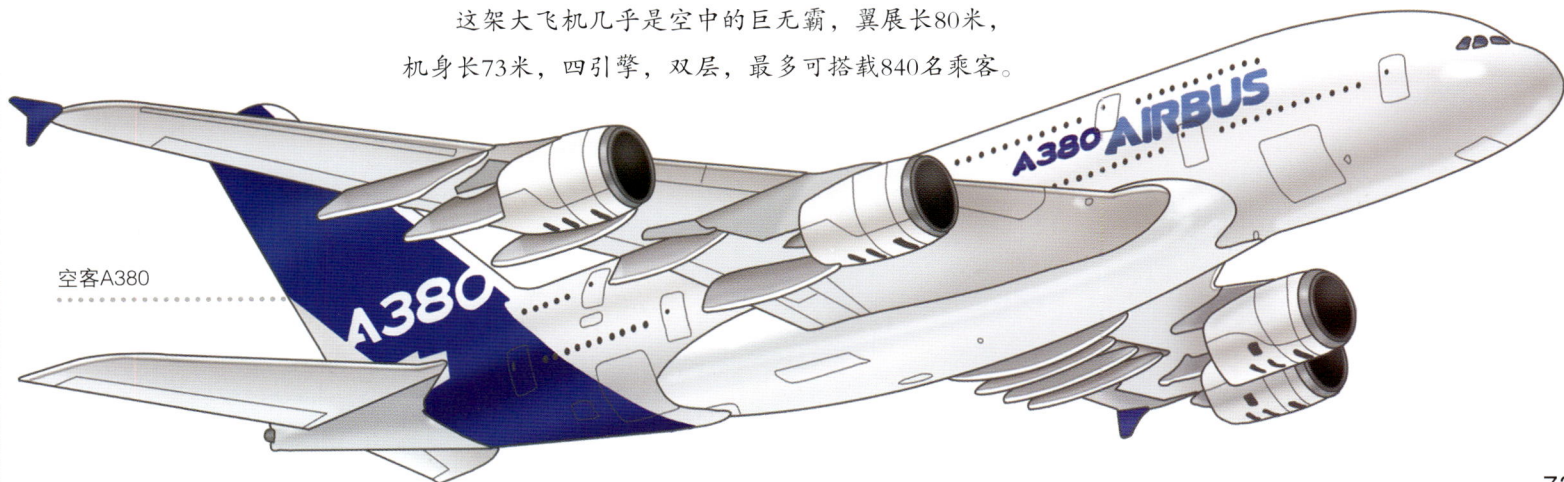

空客A380

机场

机场是一个大型综合体，每天都有大量的乘客往来。机场可分禁区范围和非禁区范围。禁区范围包括跑道、滑行道、停机坪和储油库。非禁区范围包括停车场、公共交通车站、储油区和连外道路。

在机场很容易碰到经过训练的检疫犬：它们通过嗅觉识别毒品或易燃易爆物。

监督人员控制所有登机操作，以确保安全。

登 机

登机前，旅客应注意办理登机手续：首先将机票和证件交给工作人员，由工作人员进行检查，并领取寄存的行李。

登机前，乘客和携带的行李必须通过安检。

飞机加油

飞机起飞前必须加油。燃油将从加油车转移到飞机机翼上的油箱中。技术人员对机载系统和发动机的运行情况进行检查，同时对飞机上的蓄电池进行充电。关闭载有旅客行李的货舱后，一切准备就绪，等待滑行。

航空管制

航空管制包括塔台管制、地面管制等。前者指塔台工作人员利用无线电或其他通信方式给予飞行员指示，引导他们起飞或降落。后者指地面管制人员进行地面交通指挥，包括飞机牵引车、行李拖车、加油车等各种车辆，引导这些车辆在限定的滑行道内移动，在飞机通过时告诉飞机可通过跑道的时间以及车辆停放的位置。

行李传送车

加油车

电源车

跑道

跑道长度超3000米，宽度超60米。

空中交通每时每刻都很繁忙。全球大约有9000个机场，每隔两秒钟就有一架飞机起飞，这意味着平均约有10000架飞机同时飞行。

飞机起飞后，起落架被收回到机身中，直到着陆。

塔台

塔台负责管理飞机起降。

航站楼

停机坪

伸缩通道

油罐车

客梯车

船

海洋运输是国际贸易中最主要的运输方式，为此人们建造了适用于各种用途的船。

通过引擎的力量将破冰船推到浮冰上，用其自身重量打破冰层。

破冰船

在寒冷的季节，一些海上航线会因为结冰而无法通行。在这种情况下，船首加固的破冰船开始运行，为运输船开辟航道。

客轮

现在，由于航空运输的竞争，客轮几乎消失了。但在20世纪的头40年，跨大西洋客轮经历了黄金时代。数百万人登上这些大型客轮，横渡大西洋到达美洲。当时的客轮就像是漂浮在水面上的城市，拥有最奢华、舒适的酒店。

在最短的时间内横渡大西洋的客轮被授予蓝丝带。

甲板

游轮

游轮是真正的漂浮城市。人们乘坐游轮是为了旅行，途经各个港口时可以上岸参观。游轮上有游泳池、健身房，以及剧院、舞厅、电影院等各种娱乐场所，还有可提供餐饮的厨房。

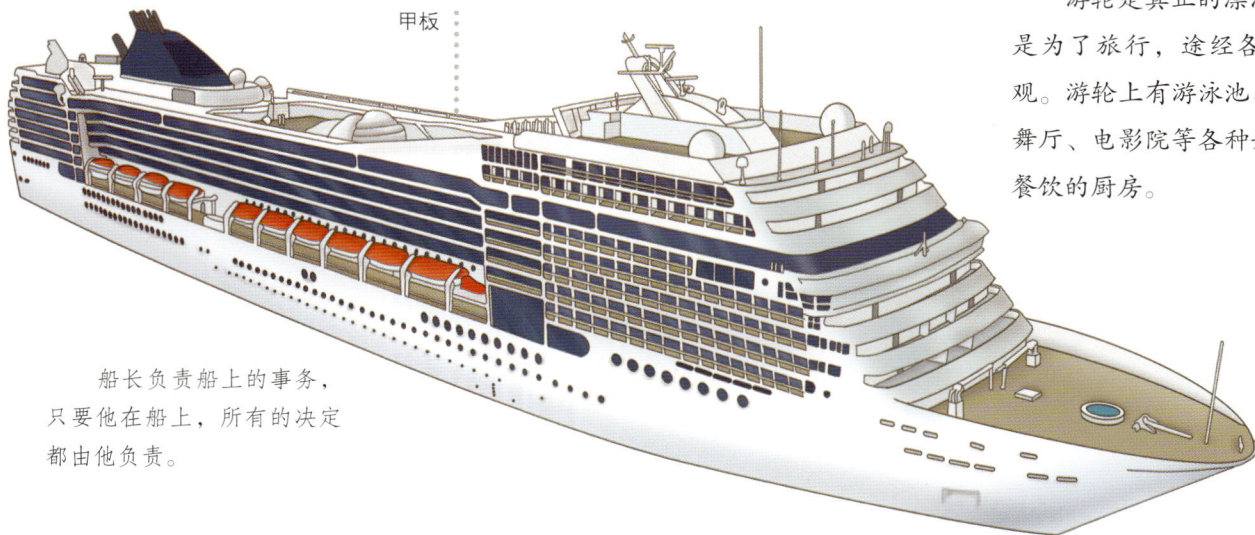

船长负责船上的事务，只要他在船上，所有的决定都由他负责。

集装箱船

集装箱船是海洋中的庞然大物。有些集装箱船长达400米，可以装载18000个集装箱，时速可达45千米。

帆 船

目前最大的帆船是143米长的马克西游艇，它配备3根高达90米的桅杆和8层甲板。它在德国建造而成，在直布罗陀下水。可以乘坐直升机上船，船上可搭载54名船员。

轮船

蒸汽轮船

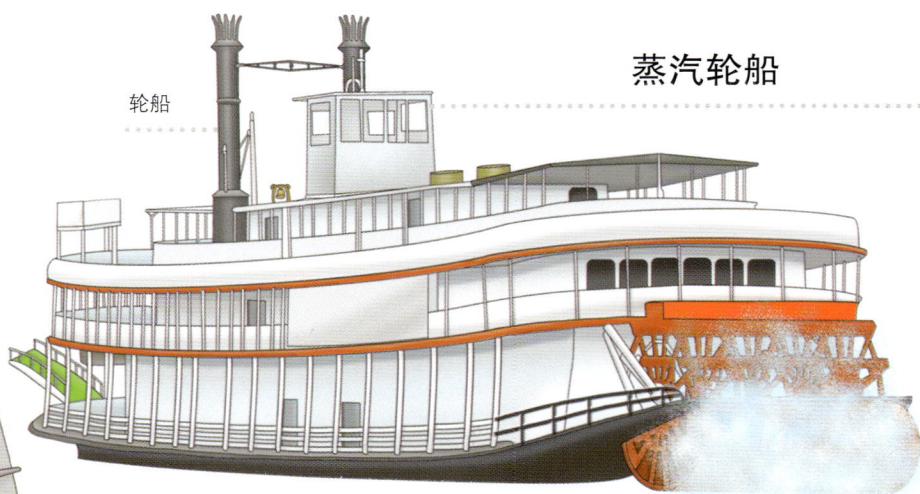

1807年，第一艘蒸汽轮船出现在哈德孙河上。很快，这种蒸汽轮船就出现在其他主要河流上。1819年，蒸汽轮船首次横渡大西洋。

桥

液化气体船

液化气体船，又称液化气油轮，是用来运输液化气的油船。液化气装在特殊材料制成的、具有隔热功能的液舱里。液货舱和船体外壳保持一定的距离，以防在船舶发生碰撞、搁浅等情况时受到损坏。

液化气体船是结构最复杂的运输船舶之一。

航空母舰和潜艇

在海洋中不仅有载运旅客和货物的船舶，还有用于执行军事任务的舰船和在水下运行的潜艇。

深海潜水器

深海潜水器是一种能在深海进行水下作业的潜水设备，分为载人和无人两大类。深海潜水器外壳非常坚固，能够承受深海的巨大压力。

1960年1月，"里亚斯特号"载人潜水器成功下潜至马里亚纳海沟底部进行科考，深度可达10910米，创下了载人潜水器下潜深度的世界纪录。

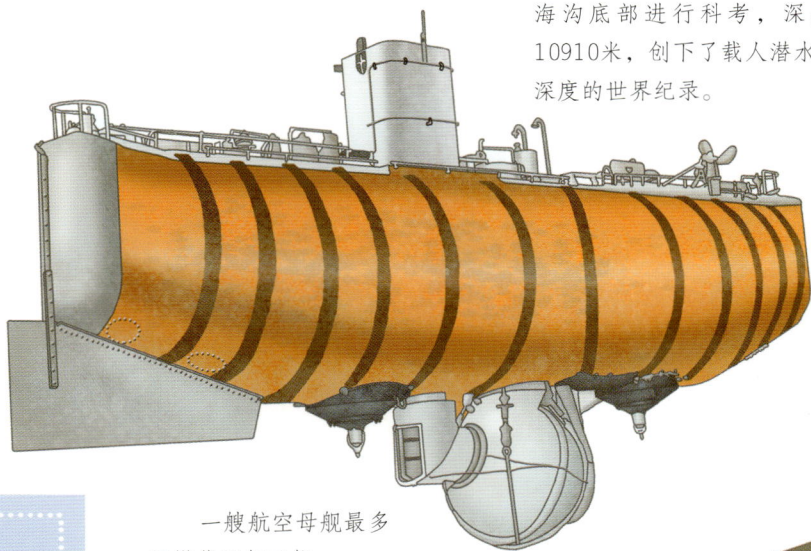

一艘航空母舰最多可搭载90架飞机。

甲板

航空母舰

几十年来，航空母舰被称为"海上霸王"。它是一种以舰载机为主要作战武器的大型水面舰艇，长度超过300米。在正常航行期间，非作战飞机被安置在飞行甲板下方的机库内，这样飞行甲板上有充足的空间，便于喷气式飞机起飞和降落。

飞机

卫星通信天线、船用雷达和空管雷达。

直升机投入使用后，一些国家的海军选择了更小吨位的舰艇，于是小型的直升机航空母舰出现。

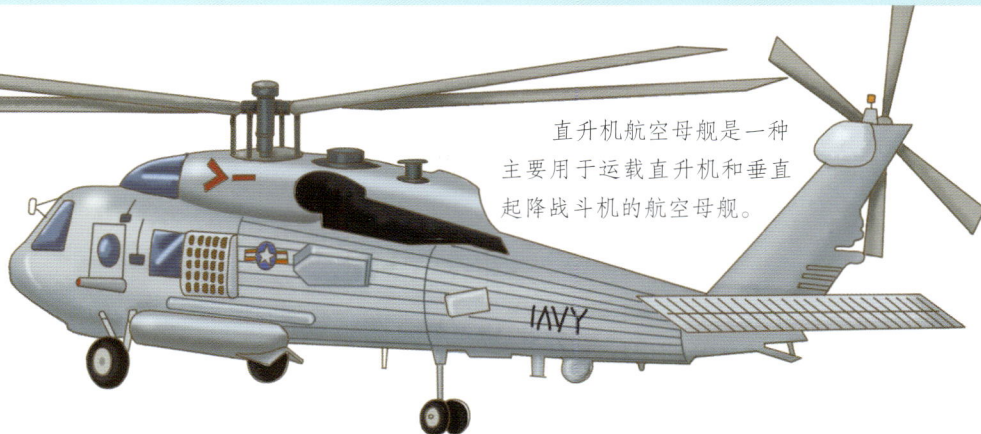

直升机航空母舰是一种主要用于运载直升机和垂直起降战斗机的航空母舰。

飞机跑道

斜角飞行甲板

第二次世界大战结束后，为了适应喷气式飞机上舰，人们对航空母舰的结构进行了大改造。喷气式飞机比螺旋桨飞机更重，因此甲板和弹射器必须加固。最重要的改进是增加了斜角飞行甲板，舰尾处与主飞行甲板重合，舰首处分流。这样就解决了飞机同时起飞和降落的问题。

潜艇

潜艇被认为是对其他船只和地面目标威胁最大的舰艇。最先进的潜艇由强大的核反应堆提供动力，水下航行速度超过35节（1节=1.852千米/小时）。舱体内隐藏着鱼雷发射管和导弹。它采用特殊技术，最大限度降低螺旋桨旋转时产生的噪声，以免被声呐拦截。

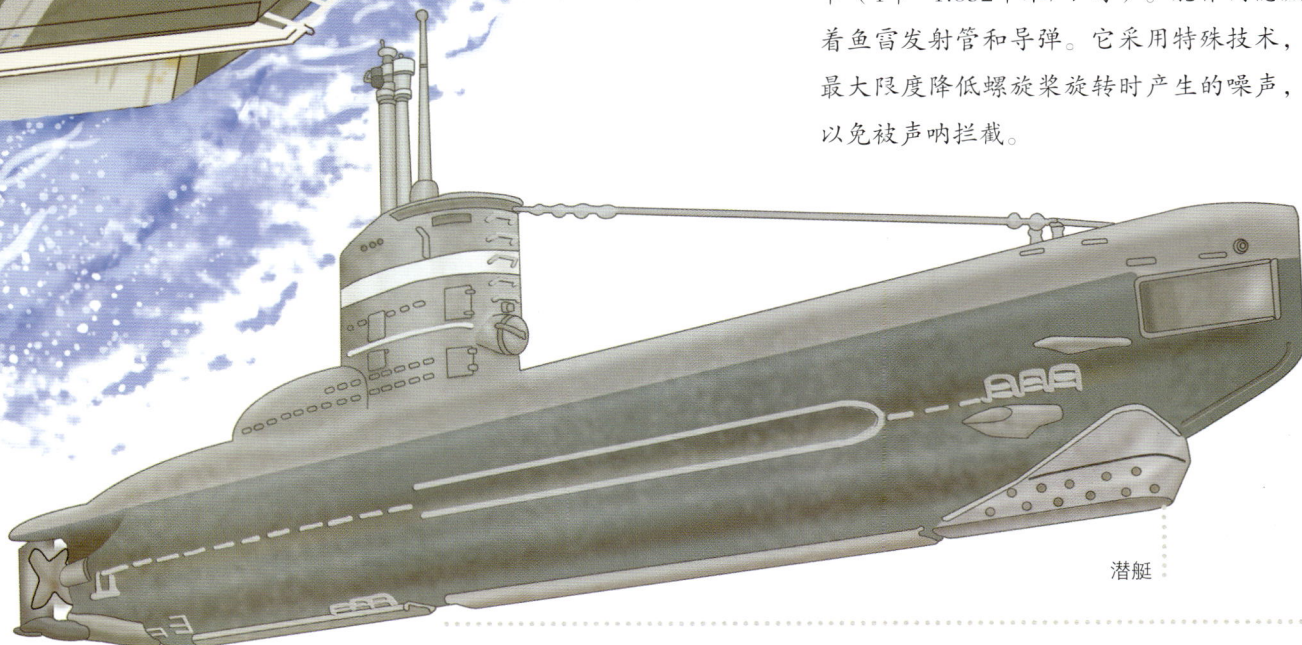

潜艇

发明

人类的进程一直和发明密切相关，每一项发明都是人类进步的基石。

电池

电池是一种能够将化学能转化为电能的装置。每个电池都能提供有限的电量，直到电极腐蚀，停止工作。

1799年，意大利人亚历山德罗·伏特制成了世界上第一个电池——伏特电堆。

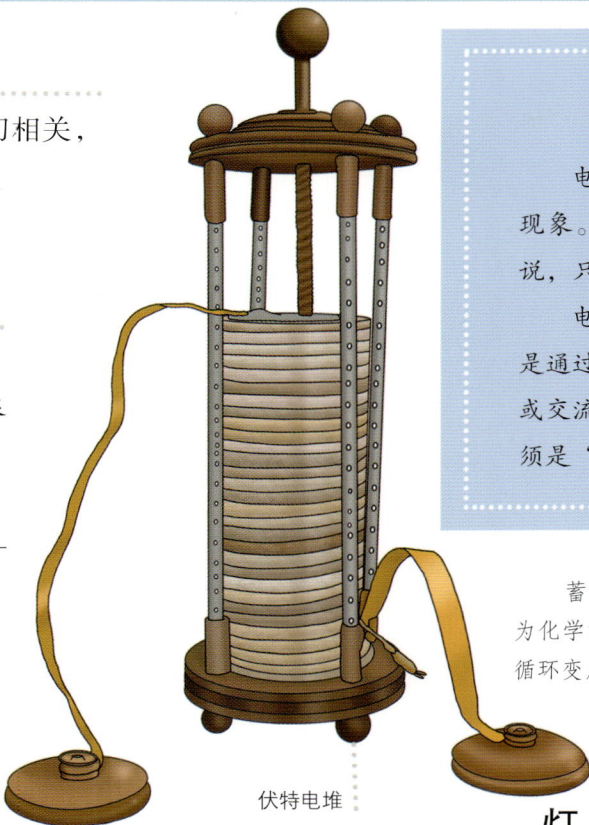

伏特电堆

爱迪生留声机

留声机

1877年，美国人托马斯·阿尔瓦·爱迪生发明了一种能够记录和再现声音的留声机。这是一台原始的播放声音的机器，声音是由一个带有薄膜的漏斗收集的。通过一根短针，振动被传递到一个镀锡滚筒上，并刻下槽纹。爱迪生在其辉煌的职业生涯中，注册了1000多项不同的专利。

电

电是指静止或移动的电荷所产生的物理现象。电荷的定向移动形成电流，也就是说，只有通过电路才能产生电子流。

电路包括电流发生器。电流发生器可以是通过导线连接到用户设备的电池、蓄电池或交流发电机。为了使电子流流动，电路必须是"闭合"状态。

蓄电池把电能转换为化学能存储起来，再循环变成直流电。

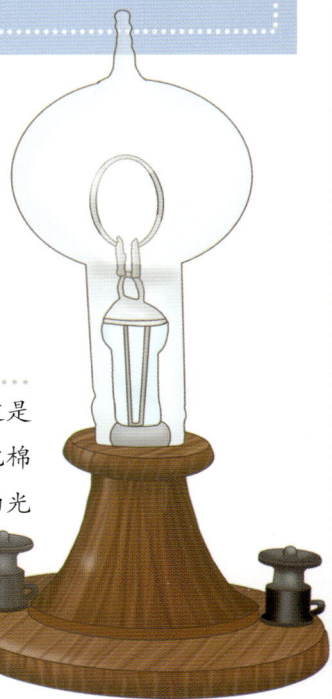

灯泡

1879年，爱迪生发明了电灯泡。这是一种中空的玻璃灯泡，里面有一根炭化棉线。当电流穿过它时，会发出金黄色的光芒，但持续发光的时间并不长。

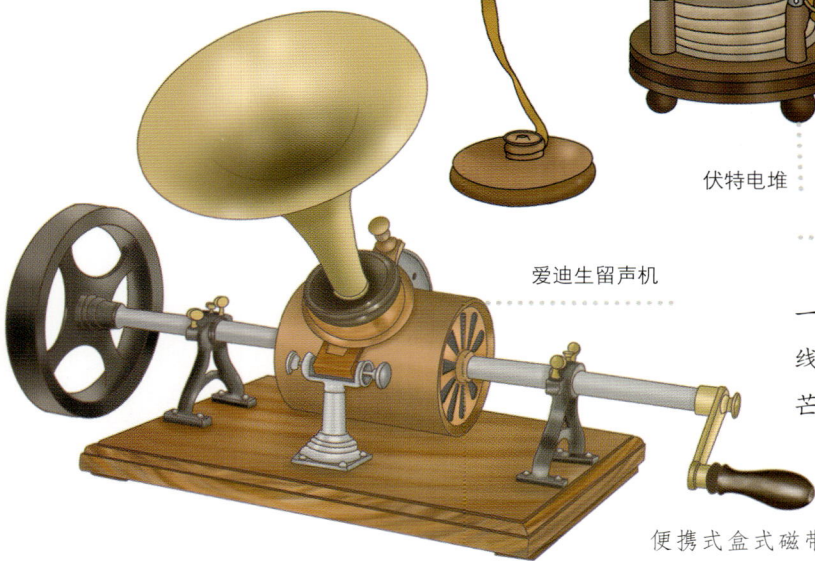

便携式盒式磁带播放器，也叫"随身听"，能播放录制在磁带上的音乐。其小巧轻便，可随身携带。

MP3播放器

随身听

1998年，世界上第一台MP3播放器问世。

MP3播放器具有较大存储容量的硬盘，如果受到撞击或强烈振动可能会造成损坏。

摄 影

1816年，法国人约瑟夫·尼塞福尔·尼埃普斯用暗箱在一张涂有氯化银的纸上得到负像，但没有成功获得正像。

1826年，尼埃普斯拍摄了世界上第一张可以永久保存的照片。他当时的制作工艺是在白蜡板上敷上一层薄沥青，然后利用阳光和原始镜头，拍摄下窗外的景色，曝光时间长达8小时，再经过薰衣草油的冲洗，获得了窗外景物的正像。

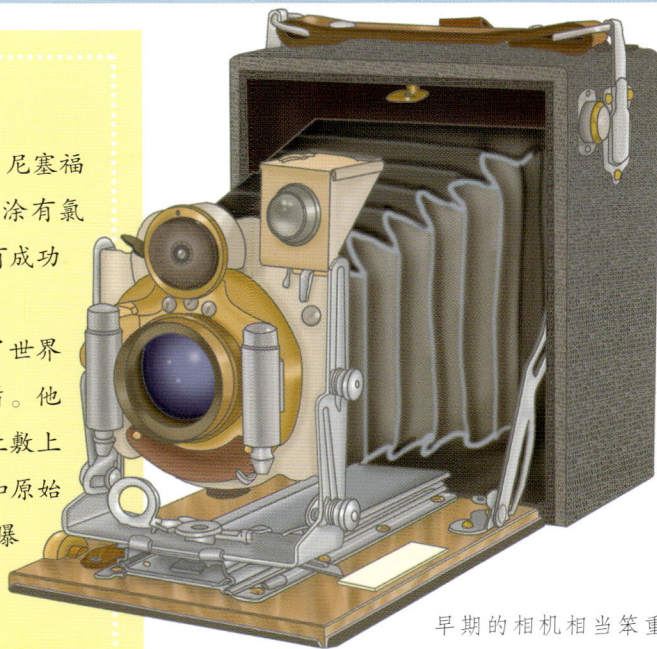

相机是根据暗室原理工作的。最早的相机是一个不透光的盒子，一侧有孔，相对的一侧是白色屏幕，在屏幕上可以看到倒置的图像。

早期的相机相当笨重，带有折叠式皮腔，采用伸缩皮腔来前后移动调焦，从而将焦点对准要拍摄的物体。胶卷的出现使它们更易于操作。

无人机

无人机是用于空中拍摄的遥控飞机。最常见的是配备一个或多个螺旋桨，其性能类似于小型直升机。

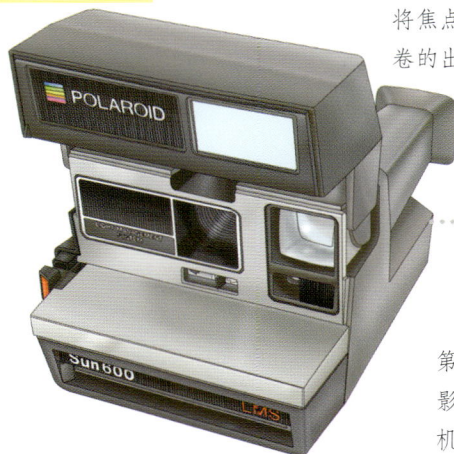

宝丽来相机

宝丽来相机是世界上第一台能够在特殊的自显影胶片上即时打印照片的机器。

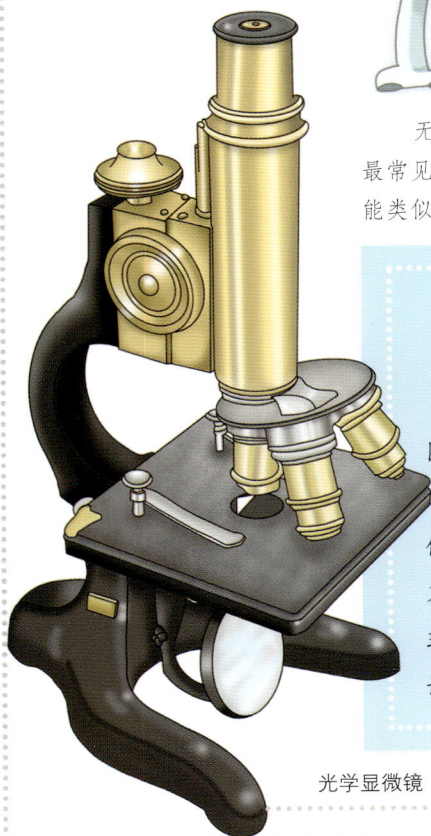

培养基

光学显微镜

借助显微镜，可以获得放大3000倍的图像。世界上第一台显微镜可以追溯到16世纪末，据说是在荷兰制造出来的。17世纪初，意大利人伽利略·伽利雷制造出了具有物镜、目镜和镜筒的复式显微镜，德国的开普勒阐明了显微镜的基本原理。后来，显微镜有了突飞猛进的发展，人们不断设计出放大倍数越来越高的显微镜。

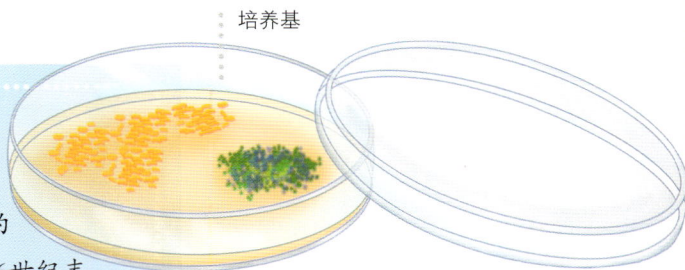

在显微镜下观察的微生物是在一种被称为"培养基"的受控环境中繁殖的。

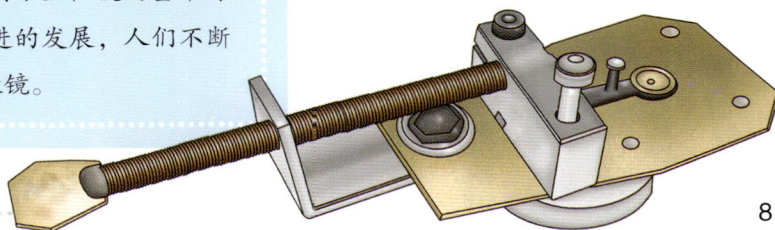

光学显微镜

老式显微镜

通信

直到19世纪下半叶，即使是一套房子的两个房间之间都无法传输声音，更别说是远距离了。之后，一个伟大的发明时代开启了。我们的日常生活、工作和习惯都与过去100年的发明密切相关。

梅乌奇的电话

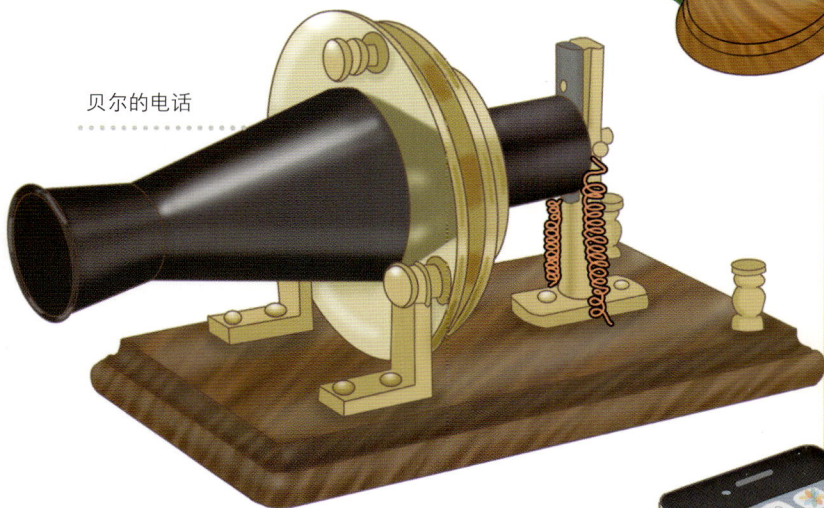

贝尔的电话

无线电通信

英国人麦克斯韦提出了电磁理论，后来德国人赫兹、俄国人波波夫受其启发，发明了无线电天线。1897年，意大利人伽利尔摩·马可尼在英国海岸进行跨海无线电通信试验，取得成功。此后，马可尼不断改进通信装置，使通信距离不断增加。

1910年，法国率先在埃菲尔铁塔顶端使用长波无线电信号发射器进行报时。

手机

电话

意大利人安东尼奥·梅乌奇首先实现了将声音从一个地方传输到另一个地方。1871年，梅乌奇在没有支付注册费的情况下，为这种由麦克风和扬声器组成的设备申请了专利。5年后，美国人亚历山大·格拉汉姆·贝尔成功申请了电话专利，为此引发了一场漫长的法律战。1886年，美国联邦最高法院进行宣判，尽管贝尔的研究可能受到了梅乌奇的启发，依然宣布贝尔赢得了这项发明。

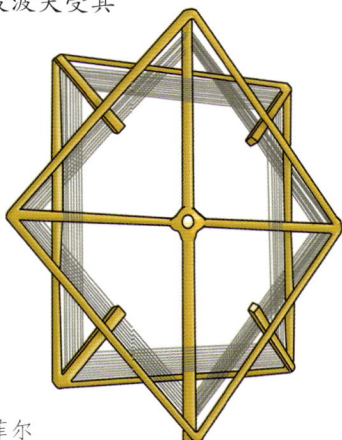

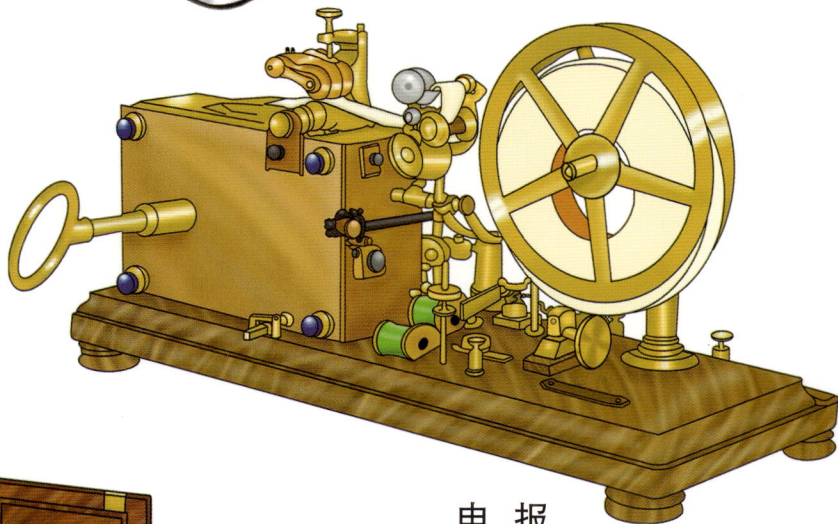

电 报

美国人塞缪尔·莫尔斯发明了一种时通时断的信号代码，通过不同的排列顺序来表达不同的英文字母、数字和标点符号。借助这种代码，可以将信息通过交换线路以电信号的方式发送出去，电报由此诞生。

印制电路板的小型化给电脑界带来了巨大的变革，简单易懂的图形界面进一步加速了电脑的普及。

2010 年的电脑

第一台个人电脑

1965年，第一台个人电脑"程序101"在纽约世博会亮相。它由意大利的奥利维蒂公司生产，机身配备了内置打印机和内部存储器。这台电脑取得了巨大的成功，销售量超过4万台。

"程序101"

电视

电视的发明是许多科学家合力研究的成果。1883年，德国人保罗·尼普科夫发明了一种穿孔扫描圆盘，可以将图像转换为电信号。在此基础上，英国人约翰·罗杰·贝尔德实现了远距离传输运动图像，发明了机械扫描式电视。1925年，贝尔德首次向公众展示了他的发明。

1929年的电视

放映机

1895年，法国人奥古斯塔·卢米埃尔和路易斯·卢米埃尔两兄弟发明了电影放映机，兼有摄影和投影的功能。这台机器能够同时为多人提供电影的视觉效果，但放映时间仍然非常短。

1895年12月28日，卢米埃尔兄弟在巴黎的格兰咖啡馆首次公开放映影片，电影票销售一空。

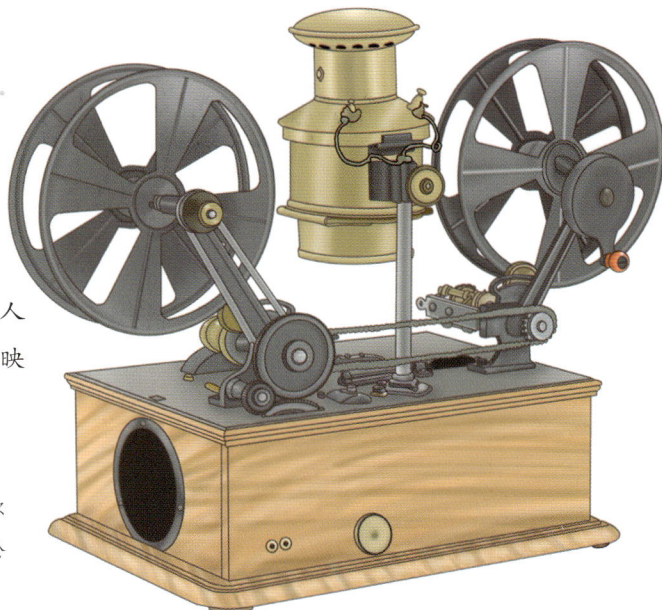

摄影机

1876年，法国人埃米尔·雷诺制作了一个活动视镜，展现了清晰的动画效果。1892年，爱迪生发明了电影视镜，即电影摄影机，每次可放映半分钟，但每次放映只能供一个人观看。

马可·波罗

马可·波罗，1254年出生于意大利威尼斯，1324年在这座城市逝世。他喜欢探险，曾四处游历，到达过亚洲的许多国家和地区。

伟大的旅行者对地球上的任何地方都充满遐想，他们在旅途中需要面对多重危机和许多未知的因素。

旅 行

1271年，波罗家族开始了前往中国的长途旅行，经古丝绸之路，于1275年到达元上都（今内蒙古自治区锡林郭勒盟正蓝旗境内）。

《马可·波罗游记》

1298年，马可·波罗参加了威尼斯与热那亚的战争，不幸被俘。在狱中，他向狱友们讲述了自己到亚洲旅行的经历。狱友鲁斯提切罗·达·比萨根据他的口述笔录成书，名为《马可·波罗游记》。这本书很受欢迎，被视为了解神秘东方的一部杰作。

马可·波罗

马可·波罗17岁时跟随父亲和叔叔从威尼斯出发，历时约4年来到中国。一行人在中国居住了17年之久。1292年，马可·波罗一行人受元世祖忽必烈委托，护送一位公主前往波斯成婚。他们完成使命后，转路回到意大利。

马可·波罗
尼古拉斯·波罗
马泰奥·波罗

在中国期间，马可·波罗得到了元世祖忽必烈的赏识，一直在元朝政府里任职，还担任过驻印度和缅甸的大使，是宫廷中颇具影响力的官员。

忽必烈

克里斯托弗·哥伦布

克里斯托弗·哥伦布，约1451年出生于意大利热那亚。他自幼热爱航海，年轻时先后移居希腊的希奥斯岛和葡萄牙的里斯本。在葡萄牙他学习了有关航海的各种知识，提出了大胆设想——向西横渡大西洋，开辟通往亚洲的新航路。

原产自美洲的作物有土豆、西红柿、咖啡、可可、菠萝等，还有欧洲人不知道的动物，比如鹦鹉。

菠萝
西红柿
甜辣椒
土豆

新航线

哥伦布认为地球是圆的，所以他相信可以开通一条从西方通往东方的航线。为了开辟新航线，哥伦布带领船队向西航行，幸运地发现了美洲新大陆。

"圣玛丽亚号"

西班牙女王伊莎贝拉给哥伦布舰队授权并提供经济支持。

根据哥伦布的设想，西起大西洋可以找到一条通往亚洲的航线，以便大大缩短航程。

哥伦布没有到达亚洲，目睹富饶东方的魅力，因此非常失望。

航行

1492年8月3日，哥伦布带领探险舰队从西班牙帕洛斯出发，经过两个多月的航行，于10月12日发现了大陆，并在圣萨尔瓦多岛登陆。

哥伦布误以为到达了印度群岛，其实这里是美洲新大陆。在第一次横渡大西洋之后，哥伦布又三次横渡大西洋，登上了美洲的许多海岸。

为了找到通往亚洲的新航线，哥伦布发现了美洲新大陆，这是历史上最重要的地理发现之一。

探险船队

哥伦布的舰队由三条小型的帆船组成，其中旗舰（指挥舰）是"圣玛丽亚号"。这是一种三桅帆船，前桅和主桅上悬挂方帆，后桅上悬挂三角帆，特别适合深海航行。船上大约有40名水手，他们都睡在甲板上。船上只有一个船舱供船长吃饭，以及储存航海图和食物。

哥伦布的舰队还包括另外两艘更小巧的帆船，分别是"尼娜号"和"平塔号"。

古埃及人

尼罗河流域出现的第一批定居者可以追溯到公元前6000年。公元前3300年左右，纳尔迈（也称美尼斯）统一了上埃及和下埃及，创造了一个持续近3000年的文明。

埃及船

上埃及和下埃及的王冠

尼罗河河谷

尼罗河河谷是一片绿洲，东西两侧都是沙漠，属于世界上最大的沙漠撒哈拉沙漠的一部分。在河口附近，河流分成许多支流，形成一个巨大而肥沃的三角洲，然后流入地中海。

尼罗河

古埃及人把尼罗河简称为"河"。这条气势恢宏的长河孕育了埃及文明，它每年定期泛滥，给两岸带来肥沃的淤泥，保障了每年两季农作物的种植，为人们提供充足的食物来源。

法 老

法老是古埃及的最高统治者，具有绝对的权力。他被尊为神，被认为是"太阳神之子"。

古埃及人在纸莎草纸上书写。纸莎草纸是用盛产于尼罗河三角洲的纸莎草的茎制成的。

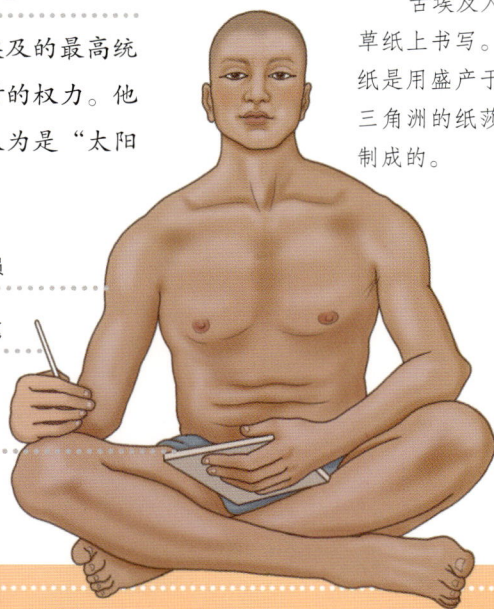

抄写员

手写笔

纸莎草纸

欧西里斯　荷鲁斯　海奎特　阿努比斯

古埃及人崇拜许多神。有些神是全国公认的"主神"，有些神影响范围不大，只在某一地区受到推崇。

抄写员

抄写员的职业备受青睐，因为可以享有特权，避免了繁重的工作。一些抄写员还可以担任官员，收入非常丰厚。但是想当抄写员并不容易，必须经历长时间的学习。学习数百种象形文字是一个艰难的过程，教师的教导非常死板，并且经常对学生进行严厉的惩罚。除此之外，还要学习算术、代数和几何。

金字塔

古王国时期（约为公元前2686年—公元前2181年），在尼罗河三角洲的吉萨有三座大型的金字塔相继建造起来，用于存放法老胡夫、哈夫拉和孟卡拉的遗体。在这三座金字塔周围还有为王后建造的较低的金字塔，以及为王室成员、贵族建造的"马斯塔巴"（石室坟墓）。

金面具

哈夫拉金字塔

孟卡拉金字塔

胡夫金字塔是最高的。儿子哈夫拉为自己建造了一座稍低一些的金字塔，以示对父亲的尊重。

护身符

护身甲

最让人感到震撼的是胡夫金字塔，高147米。据估计，约3万人建造了20年才完成。它使用了约230万块重达数吨的石灰石。搬运时人们将石头拖到木制的雪橇上，借助滚轮滑行。

图坦卡蒙陵墓

1922年，年轻法老图坦卡蒙的陵墓被发现，这座陵墓保存得完好无损。

图坦卡蒙在不到20岁的时候突然死亡，和他一起下葬的有一套绝妙的器物，包括纯金面具、珠宝、雪花石膏制品、床，还有来世乘坐的船只。

防 腐

古埃及人制作木乃伊以保持死者的身体不腐烂。这是个漫长而复杂的过程：首先要清空体内的器官；然后把内脏放在卡诺卜罐里，将尸体敷上碱盐进行脱水；最后把尸体清理干净，用充满香味的亚麻绷带包裹起来。

阿努比斯神的面具

防腐师

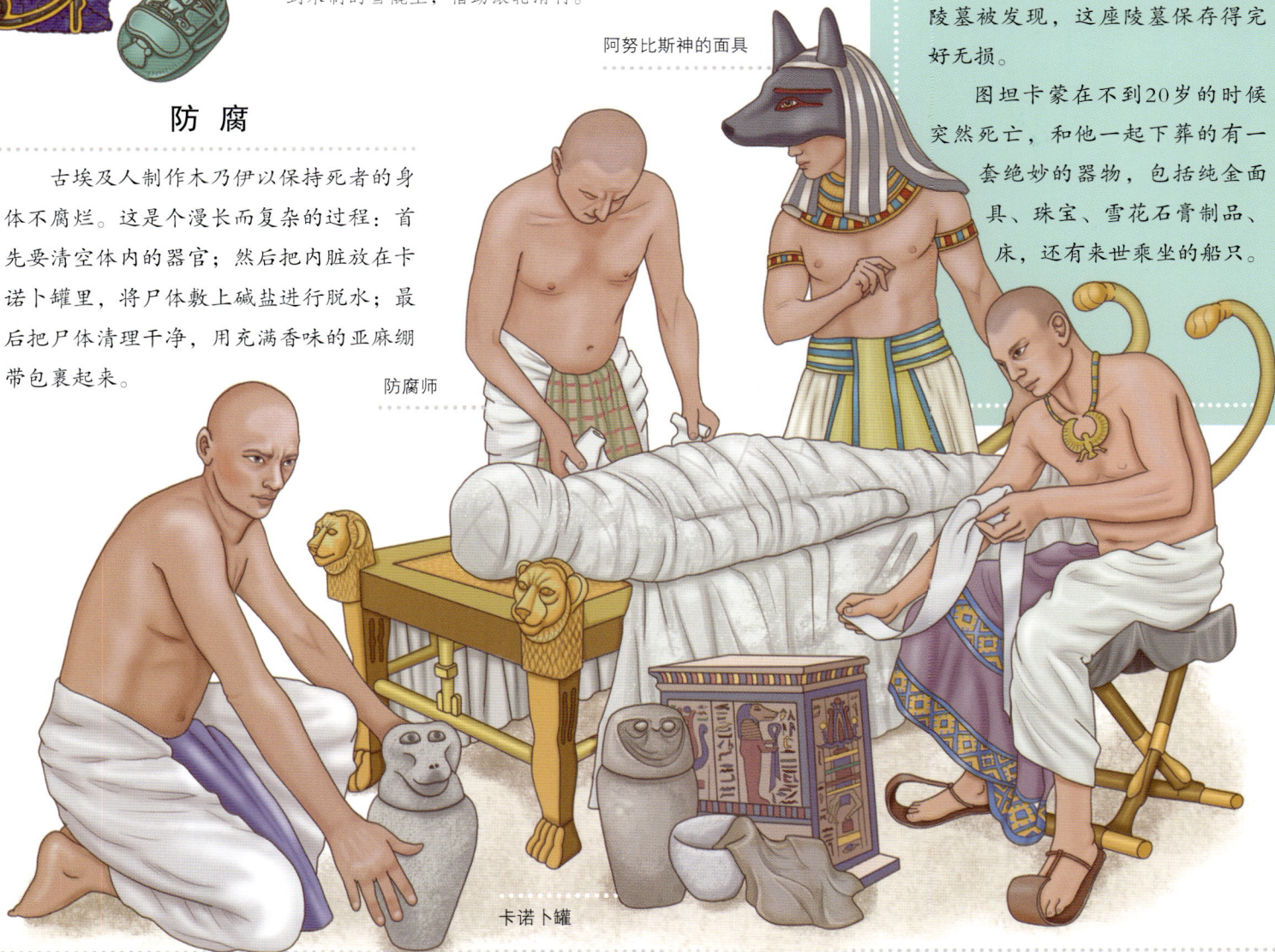

卡诺卜罐

古罗马人

古罗马人的历史始于台伯河沿岸一些村庄的居民建造罗马城。神话传说中，前七个国王从罗马城建立一直掌权到公元前510年。共和国时期，元老院代表人民行使权力。帝国时期，始于公元前27年，结束于公元476年。

罗马城的建立

传说，罗马城是罗穆路斯杀死孪生弟弟雷慕斯后，于公元前753年建立的新城。在罗马成为共和国之前，罗穆路斯是王政时代的第一位国王。

全副武装的士兵

伟大的帝国

罗马帝国在图拉真统治时期，疆域得到了最大规模的扩张。随着对美索不达米亚、亚美尼亚和亚述的征服，疆土扩张面积超过400万平方千米；其边界从中东到北非，从英国到德国，从西班牙到巴尔干半岛。

哈德良统治时期，为抵御北方民族的入侵，在不列颠尼亚（今英格兰）和喀里多尼亚（今苏格兰）的交界地带修筑了一道城墙。这道城墙被称为"哈德良长城"。

古罗马的孩子们玩的滚铁环、陶土娃娃和骰子。

为了保卫罗马帝国，防止野蛮人的入侵，罗马皇帝下令沿着日耳曼边界线修筑了一系列的防御工事和瞭望塔。

军队

罗马军团是罗马共和国和罗马帝国时期的正规军队。公元前2世纪末马略改革后，军团都由专业士兵构成。公元1世纪末，每个军团都由执政官指挥，约有5500名士兵，分为9个大队，每个大队有500名士兵，第一大队增设800名武装人员。每个军团还有120名骑士，负责侦察和联络工作。

古罗马公民分为三个社会阶层：贵族、骑士和平民。

罗马道路

罗马道路以首都为中心辐射式向外延伸，从苏格兰到波斯湾，从摩洛哥到里海。四通八达的交通网，保障了帝国的有效管理。

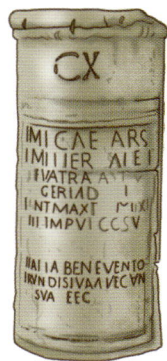

海上交通

海上贸易奠定了罗马的繁荣。海上航线连接着首都与地中海的主要城镇，由强大的海军管控，以保障航线的安全。春季和夏季是航行的最佳时节，应避开可怕的冬季风暴。只有大船才会驶往公海。它们通常白天沿着海岸航行，黄昏时驶入港口寻求庇护。

豪宅——多慕斯

城市中最豪华的住宅叫"多慕斯"，室内宽敞舒适，墙上有壁画，地板由漂亮的马赛克镶嵌而成。其中最受欢迎的设施是供暖设备和冷热水管道。房间靠天花板上的开口采光，房屋分为前后两个区域。前面的主入口处有中庭，这是公共生活区域；后面有列柱式样的门廊，周围是家人的卧室。

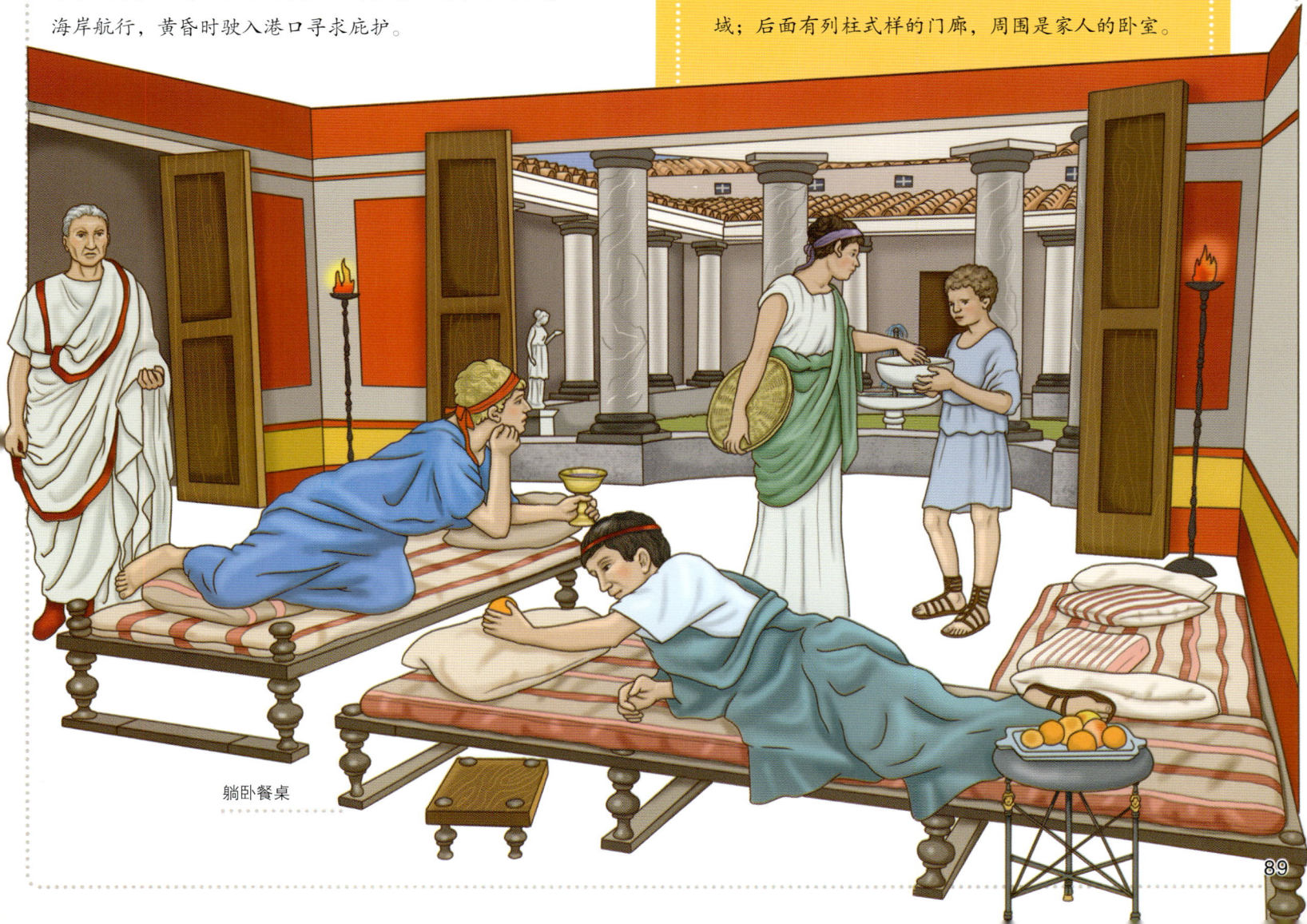

躺卧餐桌

凯尔特人

凯尔特人是一个由印欧部落组成的、有共同语言和文化传统凝合起来的松散族群。他们的活动范围主要在欧洲中部地区，横跨阿尔卑斯山脉，一直延伸到罗纳河，包括多瑙河上游穿过德国南部的地区。

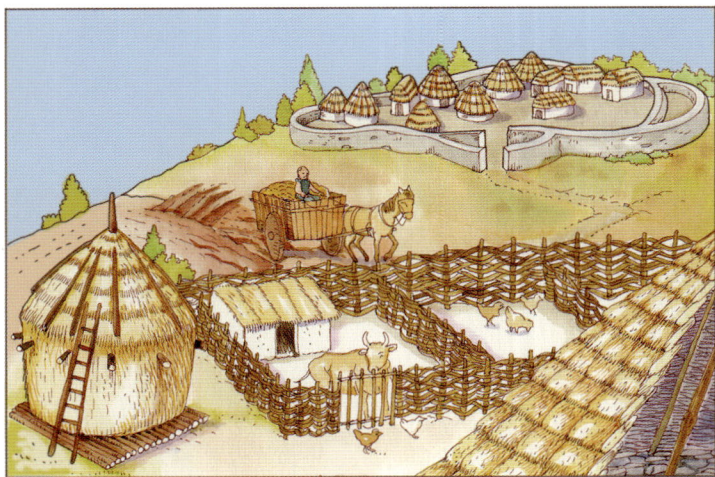

领 土

在大规模的扩张时期，凯尔特人流入法国和比利时，与当地人融合产生了高卢人。大约在公元前5世纪，他们扩张远至不列颠群岛。公元387年和390年劫掠罗马时渗透到意大利。在同一时期，他们占领了巴尔干半岛，到达小亚细亚，在那里建立了凯尔特加拉提亚国。

社 会

在青铜时代和铁器时代，凯尔特人的社会结构是父权制的。氏族组成部落，通常由贵族统治，德鲁伊被授权行使司法和政治权力。凯尔特人主要从事农业、贸易和金属加工。他们用精美的花纹装饰武器和珠宝，其中包括一种象征佩戴者高贵身份的项圈。

战 争

部落的分裂和不断的内部斗争削弱了凯尔特人的力量，他们无法承受德国人和罗马人的强大冲击。公元前58年至公元前51年，尽管凯尔特人激烈抵抗罗马人，还是失去了高卢。高卢抵抗者的领袖维辛格托里斯被凯撒击败后，被带到罗马，于公元前46年被处决。

德鲁伊

　　德鲁伊教士广泛散布在高卢的凯尔特人中，他们聚集在森林里举行占卜和祭祀。他们听命于一位最高首领，擅长预言和医药；他们的任务之一是教育年轻贵族和收集神圣的槲寄生。他们拥有司法和政治权力，经常被指控煽动反抗罗马人的叛乱。因此，他们深受罗马法令的严厉打击，只能秘密行事。

冶 金

　　从青铜时代起，凯尔特人就已经能够熟练地铸造金属。每个村庄都可以生产武器和金属饰品。银和其他合金在炽热状态下被倒入泥土模具中，冷却后工匠把它们制作成当时十分流行的项圈。

　　从熔炉里流出来的铁水接着被锻造和用锤子加工成所需的形状。

　　青铜到铁的技术转变，使人们创造出更多耐腐蚀性强和攻击力准的武器和工具。

　　熔炉底部熔化了的金属被取出来进行收集再利用。

世界大战

20世纪发生了两次可怕的血腥冲突，即第一次和第二次世界大战。第一次世界大战的根本原因是帝国主义国家经济政治发展不平衡。第二次世界大战的起因是第一次世界大战中遭受失败的德国试图寻求报复和扩张。

第一次世界大战

1914年7月28日，奥匈帝国在德国的支持下，以萨拉热窝事件为借口，向塞尔维亚宣战。

第一次世界大战是以英国、法国、俄国为核心的协约国，与以德国、意大利、奥匈帝国为核心的同盟国的对抗。战争始于1914年7月28日奥匈帝国向塞尔维亚宣战，终于1918年11月11日双方在法国康比涅签署停战协定。

萨拉热窝事件

第一次世界大战的导火索是萨拉热窝事件。1914年6月28日，奥匈帝国皇储斐迪南大公夫妇在萨拉热窝被塞尔维亚青年普林西普枪杀。

首批战斗机出现在第一次世界大战的战场上，造成了可怕的后果。

美国的干涉对战争起着一定的决定因素。1917年美国参战并发表宣言。

堑壕战

第一次世界大战是多条战线并进，由机动战转入阵地战，再转入堑壕战。每一次交战都是一场可怕的屠杀和巨大的消耗。仅凡尔登战役，死伤人数就超过60万。

第二次世界大战

第一次世界大战结束后，德国受到战胜国的严厉制裁。在这种局势下，希特勒的上台加速了新冲突的到来。德国吞并奥地利和波西米亚后，于1939年9月1日向波兰发动进攻，导致法国和英国对德国宣战，世界大战全面爆发。之后，苏联、美国参战，意大利、日本则加入了德国阵营。1945年，德国和日本先后投降，第二次世界大战结束。

法国投降后，英国遭受了最严重的袭击。

伦敦城遭到了猛烈的轰炸，造成巨大破坏，人口损失惨重。

列宁格勒城被德军围困了2年零5个月。

诺曼底登陆是最大规模的海空作战。

战争前线

在德国的装甲部队取得最初的压倒性胜利之后，德国空军却未能击溃英国空军，因此拟在英国海岸登陆的计划破产。

1941年，德国开辟了东部战线，成功深入苏联境内，在圣彼得堡（当时称为列宁格勒）外围，受到顽强的阻击。1945年，苏联红军进行反攻，随后占领柏林，德国宣布无条件投降。

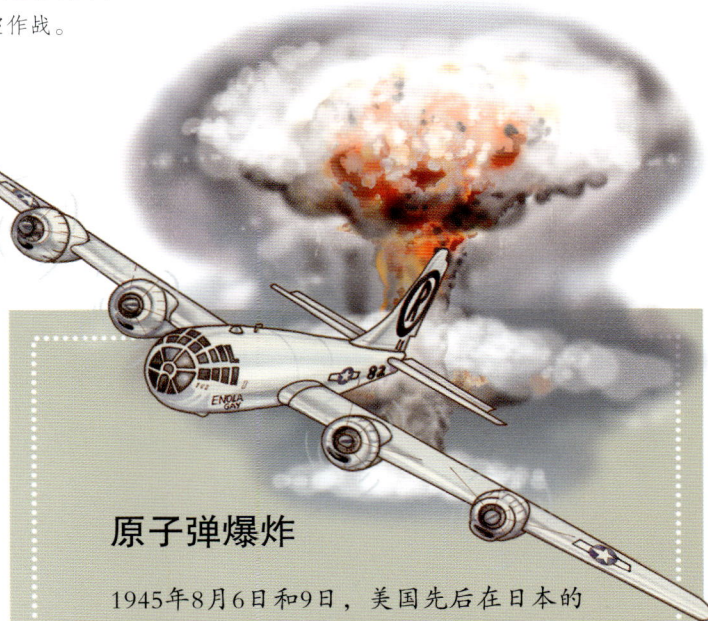

原子弹爆炸

1945年8月6日和9日，美国先后在日本的广岛和长崎投掷了原子弹，加速了日本的投降。8月15日，日本宣布无条件投降。这两枚原子弹的投放终结了第二次世界大战。

1590年左右，荷兰一家眼镜店的老板詹森和他的父亲汉斯发明了世界上第一台显微镜。

▲1877年，美国发明家托马斯·阿尔瓦·爱迪生发明了留声机。

▲1876年，美国人亚历山大·格拉汉姆·贝尔成功申请了电话专利。

▲1799年，意大利人亚历山德罗·伏特制成了世界上第一个电池——伏特电堆。

▲1826年，法国人约瑟夫·尼塞福尔·尼埃普斯拍摄了世界上第一张可以永久保存的照片。

1610年左右，意大利物理学家伽利略制造了具有物镜、目镜及镜筒的复式显微镜。

▼1852年，法国工程师亨利·吉法德驾驶着人类历史上第一艘以蒸汽为动力的飞艇开启了处女航。

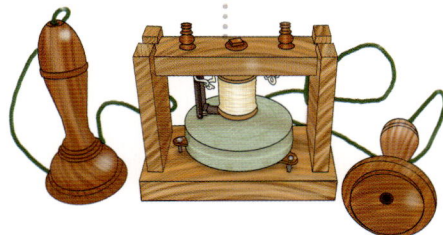

▲1871年，意大利人安东尼奥·梅乌奇申请了一项由麦克风和扬声器组成的装置的专利。

▲1879年，爱迪生发明了电灯泡。

▲1885年，德国人卡尔·本茨制造了第一辆单缸发动机三轮车，开创了内燃机驱动的汽车时代。

1886年，德国人戈特利布·戴姆勒制造了一款配备四个轮子的原型车。

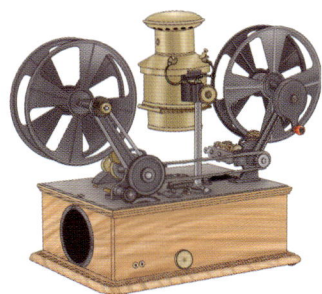

▲1903年，美国的莱特兄弟进行飞机试飞，飞机成功飞行了59秒，创造了一个新的时代。

▲1998年，世界上第一台MP3播放器问世。

▲1895年，法国的卢米埃尔两兄弟发明了电影放映机。这台机器能够同时为多人提供电影的视觉效果，但放映时间仍然非常短。

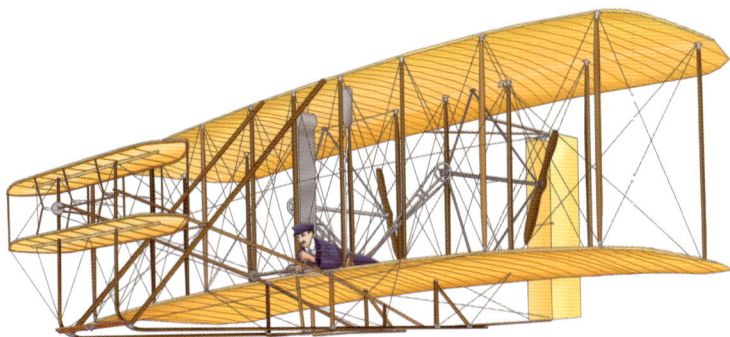

▲1948年，美国的宝丽来公司推出了世界上第一个即时成像相机。

——1998年 ）

▼1892年，爱迪生发明了电影摄影机。

▲1925年，英国人约翰·罗杰·贝尔德首次向公众展示了他发明的机械扫描式电视。

▼1965年，第一台个人电脑"程序101"在纽约世博会亮相。

▲1897年，意大利人伽利尔摩·马可尼在英国海岸进行跨海无线电通信试验，取得成功。

1926年，美国工程师罗伯特·戈达德发射了世界上第一枚液体燃料火箭。

▼1957年，苏联发射了第一颗人造卫星——"人造地球卫星1号"。

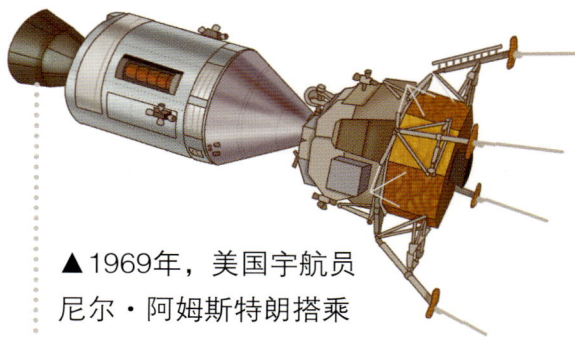

▲1969年，美国宇航员尼尔·阿姆斯特朗搭乘"阿波罗11号"登上月球，成为登月第一人。

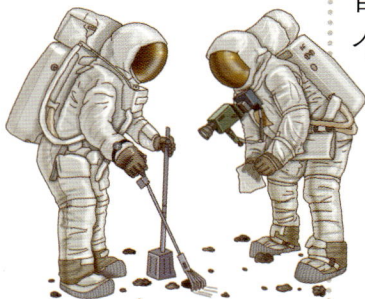

▼1972年，美国第6次登月成功，自此之后，如今半个世纪过去了，美国再也没有开展过登月活动。

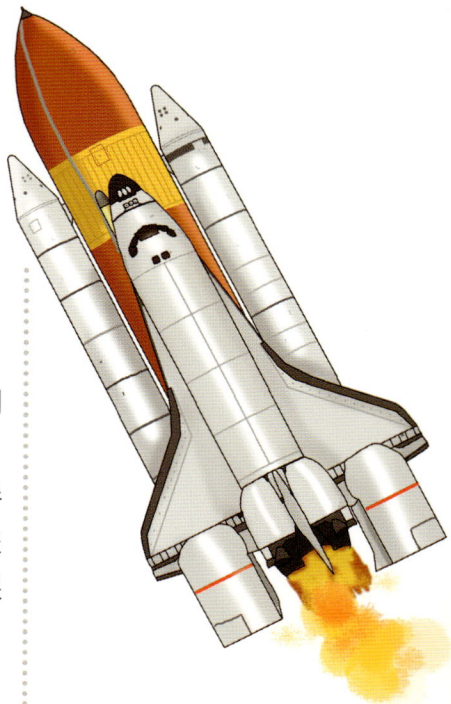

▲1981年，美国航空航天局的第一架航天飞机开始执行太空飞行任务。

太空大事记（1926年——2010年）

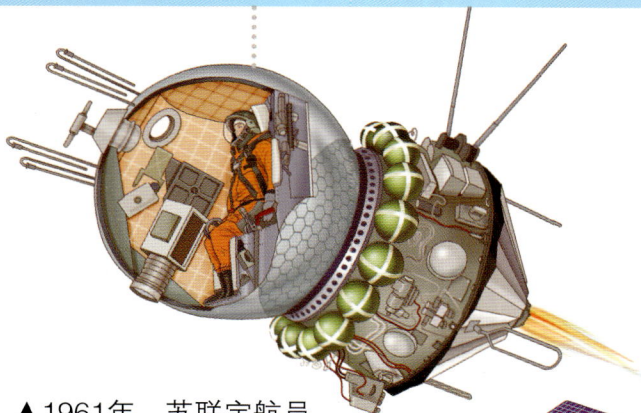

▼1998年，国际空间站正式建站，第一个组件成功发射。

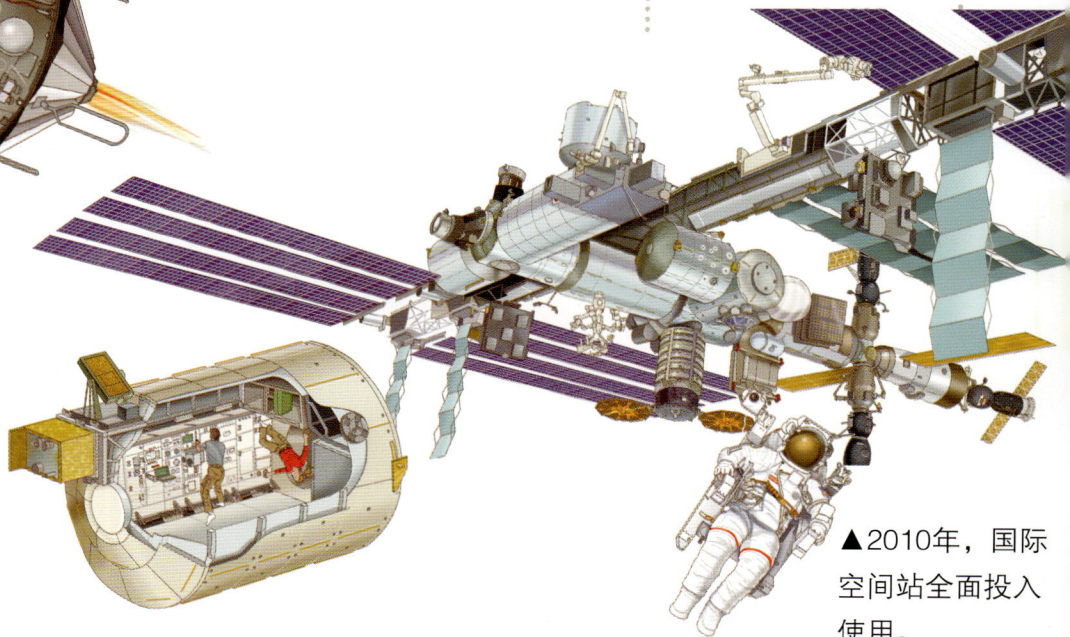

▲1961年，苏联宇航员加加林乘坐"东方1号"宇宙飞船进入太空，成为遨游太空第一人。

1942年，德国火箭专家冯·布劳恩成功发射V-2火箭，它是人类历史上第一枚弹道导弹。

▲2010年，国际空间站全面投入使用。

腔肠动物

节肢动物

环节动物

软体动物

线形动物

爬行动物

鸟类

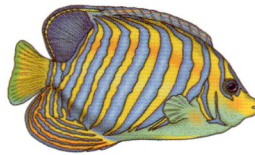

鱼类

动物进化历程

（由简单到复杂，由水生到陆生，由低等到高等）

单细胞动物　扁形动物　　棘皮动物　　　　两栖动物　　　　哺乳动物

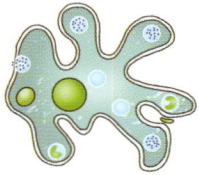

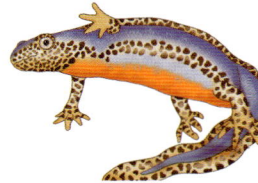

藻类植物

蕨类植物

被子植物

植物进化历程

（由简单到复杂，由水生到陆生，由低等到高等）

苔藓植物　　　　　　　　裸子植物